Collection Rolf Heyne

Barbara Rias-Bucher

EXOTISCHE FRÜCHTE

Der Guide für Feinschmecker

Mit Fotos von Bodo A. Schieren

Wilhelm Heyne Verlag
München

Bildnachweis:
IFA-Bilderteam, München, S. 188;
StockFood/Eising, München, S. 180, 181, 205, 207;
Teubner Foodfotografie, Füssen, S. 36, 72, 73, 114, 115, 118, 151, 154, 156, 208, 210.

Die Bilder auf den Seiten 11, 13, 17 wurden entnommen aus: J.G. Vaugham and C. Geissler, The New Oxford Book of Food Plants, Illustrated by B.A. Nicholson. With additional illustrations by Elisabeth Dowle and Elisabeth Rice, Oxford University Press, Oxford/New York/Tokyo 1997.

Alle anderen Fotos: Bodo A. Schieren

Umschlaggestaltung: Christian Diener, unter Verwendung von Fotos von Bodo A. Schieren
Grafische Gestaltung und Satz: Marina Faggioli-Herold
Druck und Bindung: RMO Druck, München
Printed in Germany

ISBN 3-453-13776-0

Inhalt

Vorwort

Vermutlich habe ich nie so viel Obst gegessen wie während der Arbeit an diesem Guide – von der Vielfalt gar nicht zu reden. Es begann eines wunderschönen Morgens in der Münchner Großmarkthalle. Ich war gerade von einer Reise zurückgekehrt, die mich in die Theorie der Exoten, in Bibliotheken und Bücherläden geführt hatte, und stand nun vor Früchten, die ich bisher nur vom Papier her kannte. Ich probierte die erste Tamarillo meines Lebens, von der ich auch nach vielen weiteren Verkostungen nicht weiß, ob sie mir nun eigentlich schmeckt oder nicht. Ich sah den ersten Mameyapfel meines Lebens und erfuhr dabei, daß man ihn eigentlich gar nicht kriegen kann. Ich frühstückte eben eingetroffene Cherimoyas und fühlte mich sehr wohl in all diesen Mengen von Düften, Formen, Aromen und Farben.

Mein nächstes Erlebnis mit dem Exotenhandel fand in Rotterdam statt, war genauso angenehm, doch viel gewaltiger. Ich wanderte stundenlang durch riesige Hallen mit Früchten aus allen Erdteilen, wurde mit Qualitätskontrolle und Sortierung, Lagerhallen und Kühlräumen vertraut gemacht: Im Limettenraum roch es wie in einer Torte, bei den Avocados fror ich mitten im Sommer bei vier Grad. Ich kostete mit klammen Fingern rote und weiße Pitahayas, revidierte meine Meinung über Nashis (überreif schmecken sie am besten!) und begriff, wie Menschen, die täglich mit Obst, Gemüse und Kräutern handeln, gerade die Früchte so wertschätzen. Vielleicht hängt es mit der Wärme zusammen, die eine reife Frucht ausstrahlt, wenn man sie in die Hand nimmt, mit dem intensiven Geruch, der sie umgibt, mit der Lust am Süßen, die uns vermutlich angeboren ist, oder mit Erinnerungen an früher – viele von uns haben wildwachsende Beeren gepflückt, Äpfel beim Nachbarn geklaut oder mitgeholfen, das Obst im eigenen Garten zu ernten.

Neben der praktischen Tätigkeit des häufigen Verkostens aller möglichen Exoten fand ich besonders vergnüglich das Spiel von Suchen und Finden. Ein Standardwerk über Tropenpflanzen entdeckte ich zufällig in einer Kleinstadt mitten in England – in einem Trödelladen zwischen Waschbecken, Gartengeräten und Kochgeschirr! Nachdem ich lange vergeblich versucht hatte, nur ein bißchen Fruchtfleisch der Coco de Mer aufzutreiben, fragte ich Bodo Schieren, wie er denn an die Coco fürs Foto gekommen sei, und erfuhr, daß die bemerkenswerten Nüsse gar nicht zum Essen, sondern nur zum Anschauen bestimmt sind. Wer – anders als ich – schon mal die Seychellen besucht hat, weiß nämlich, daß man nur die ausgehöhlte Schale als kunstgewerbliches Souvenir mitnehmen kann. Übrigens sind die Nüsse seit Jahrhunderten in vieler Hinsicht Spekulationsobjekt: Dem Portugiesen Maghellan erzählten einheimische Lotsen nach der Umsegelung von Kap Horn im Jahre 1519, die „Früchte stammen von einem mächtigen Baum, der am Nabel der Erde wächst, wo Vögel leben, die Rinder und Elefanten jagen – ein Ort, den man wegen der gewaltigen Stürme niemals erreichen kann". Das Fruchtfleisch der geheimnisvollen Nuß galt als Gegenmittel zu Gift und aufgrund ihrer Form als Aphrodisiakum. 1743 haben Franzosen die Palmen zum ersten Mal auf den Inseln Praslin und Curieuse entdeckt und damit das Rätsel der Herkunft endlich gelöst. Denn die mächtigen Samen hatten Seeleute immer wieder im Meer treibend gesichtet, ohne den Ursprung zu kennen. Und die aufgefischten Nüsse konnten nie zum Keimen gebracht werden, denn sie waren steril. Keimfähig sind sie erst nach vier bis acht Jahren, wenn das Fleisch die Schale vollkommen ausgefüllt hat. Doch dann ist ihr spezifisches Gewicht so hoch und ihre Schale so dünn, daß sie nicht mehr schwimmen können.

Für einen Guide über Früchte, die in allen Teilen der Welt, nur nicht bei uns wachsen, braucht man selbstverständlich auch ein paar Reisen „vor Ort": Nur im Süden sieht man das Gold der reifen Orangen im tiefdunklen Laub leuchten, nur italienische Spätsommertage erinnern ans Schlaraffenland, wenn einem die reifen Feigen quasi in den Schoß fallen. Man muß eine Frucht an der Pflanze wachsen sehen, damit man weiß, was sie eigentlich ist: Papayas sind verholzte Sträucher, und tatsächlich erinnerte mich der Blattschopf des Baumes an ein mächtiges Petersilienbund. Man muß sie frisch vom Baum essen können, damit man ihren Geschmack wirklich kennt. Als ich in Deutschland eine King Coconut austrank, dachte ich ziemlich wehmütig an die köstlichen Nüsse, die der Straßenhändler in Sri Lanka für mich aufgeschlagen hatte.

Vor allem aber brauchte ich für dieses Buch viele Menschen, die mir erzählten, was ich selbst in der Kürze der Zeit niemals hätte erfahren oder lernen können. Ihnen gilt mein herzlicher Dank. Allen voran Otmar Eicher, meinem „Guide" bei diesem Guide; Herr Eicher arbeitet seit über 30 Jahren mit Obst und Gemüse, hat mir sein immenses Wissen zur Verfügung gestellt, Kontakte vermittelt und mich mit Informationen versorgt, die ich sonst nicht bekommen hätte. Otto Reimers aus Rotterdam gewährte mir ein langes Gespräch über den Exotenhandel vom Produzenten bis zum Verbraucher, verschwieg dabei auch Probleme nicht und steckte mich mit seiner kritischen Begeisterung an: „Wenn irgendwo noch Musik in unserer Branche ist, dann im Exotenhandel." Angela Besselink aus Rotterdam war über viele Stunden meine Begleiterin in Lager- und Kühlräumen, hat mir Reifegrade gezeigt, mich Früchte kosten und vergleichen lassen. Heinz Antretter aus München hat mir die erste Einführung in den Exotenhandel gegeben, meine vielen Fragen beantwortet und mir bei der Fertigstellung des Buches geholfen. Karl-Heinz und Wilhelmine Raabe aus München berieten mich bei Einkaufsmöglichkeiten und Küchenpraxis. Iris Zalszupin aus Brasilien, Tutty Wilpernig aus Indonesien, Xiaoyan Zhang aus China, Guillermina Schröder-Roman und Elena Yiménez-Martinéz aus Mexiko verdanke ich Rezepte und Tips aus erster Hand. Denn sie alle sind mit den Früchten aufgewachsen, die wir hier als Exoten kaufen.

Barbara Rias-Bucher

Von der Plantage bis zum Verbraucher

ANBAU UND SORTEN

Die meisten Exoten wachsen in tropischen Regionen, viele auch in den Subtropen. Bäume und Sträucher mit Früchten, die wir hier nur bei Fachhändlern bekommen, begegnen Ihnen auf Reisen wild oder halb domestiziert in Hausgärten, öffentlichen Parks und als Alleebäume am Straßenrand. Diese Früchte schmecken oft besonders gut, eben weil sie nicht nur auf Ertrag, schönes Aussehen und Transportfähigkeit gezüchtet werden. „Gesünder" ist das Obst aus Wildwuchs gewöhnlich nicht, denn Rückstände von Autoabgasen, Dünge- und Pflanzenschutzmitteln – falls die Pflanzen neben bewirtschafteten Feldern stehen – lagern sich auf der Schale ab.

Wenn aus den Wildpflanzen Nutzpflanzen werden sollen, greifen gewöhnlich die Züchter ein: Gefragt sind Sorten, die soviel Ertrag bringen, daß sich gewerbsmäßiger Plantagenanbau und Export lohnen. Viele dieser Nutzpflanzen stellen spezifische Ansprüche an Boden und Klima. Kiwis z. B. mögen überhaupt keinen Wind, und Anbauversuche im Rhônetal, durch das der Mistral bläst, haben sich als Fehlschlag erwiesen. Bestimmte Regionen sind auf bestimmte Früchte spezialisiert und bedienen wiederum bestimmte Märkte: Unsere Orangen kommen im Winter vorwiegend aus Spanien und Italien, im Sommer meist aus Südafrika und Brasilien. Datteln beziehen wir vorwiegend aus Nordafrika und Israel, die besten frischen Feigen stammen aus der Türkei und Italien, weil sie viel Fleisch und wenig Schale haben.

Anbauregionen spielen für die Eigenschaften der Früchte oft eine große Rolle: Eine Mango aus Mexiko schmeckt anders als eine Frucht aus Brasilien, auch wenn es sich um ein und dieselbe Sorte – etwa eine Tommy Atkins – handelt. Von Kiwis ist fast überall nur noch eine Sorte (Hayward) auf dem Markt.

Dattelpalmen (oben rechts) gehören mit Zuckerrohr, Bananen und Mangos zu den ältesten Kulturpflanzen, die Menschen züchten und ernten. Unter Krone bilden sich 10 bis 20 Blütenstände an langen Stielen mit jeweils etwa 200 Früchten (oben Mitte). Das heißt, daß eine Dattelpalme pro Jahr 80 bis 100 Kilo Datteln liefert und das etwa 70 Jahre lang. Für die Befruchtung hängt man männliche Blütenstände (unten links) in weibliche Bäume, aus deren unscheinbaren Blüten (Mitte links) sich die saftigen, zuckerreichen Früchte bilden. Die Palmyrapalme (unten rechts) wird wie die Zuckerpalme wegen ihres süßes Saftes angezapft, den man vor allem zu Palmwein vergärt und zu Arrak destilliert.

Trotzdem schmeckt die Hayward aus Frankreich anders als die israelische, hat die neuseeländische einen dünneren Strunk (Columella) als die Haywards aus anderen Regionen. Und auch für die Reife kann der Boden, auf dem die Pflanze wächst, von entscheidender Bedeutung sein: Ein Fachmann hat mir gesagt, daß bei grasgrünen Papayas aus Jamaika die Nachreife klappt, bei den gleichen Früchten aus Brasilien jedoch nicht. Experten richten sich deshalb sowohl nach Anbauländern als auch nach Sorten, und wenn man Ihnen im Laden das Herkunftsland der Frucht nicht nennen kann, werden Sie nicht von Fachleuten beraten.

Anbau und Export von tropischen Früchten unterstützen in Ländern der sogenannten Dritten Welt die Wirtschaft. Das kommt dem sozialen Gefüge zugute. Bis auf Bananen stammen die meisten Früchte aus kleinen und mittleren Betrieben, die nicht von großen Fruchthandelskonzernen kontrolliert werden. Die Plantagenbesitzer und/oder Exporteure schaffen Arbeitsplätze und können Gewinne investieren – in Schulen, Krankenhäuser und Kirchen. Exotenhandel sorgt außerdem für die Kommunkation zwischen den einzelnen Ländern: Jeder, der mit tropischen Früchten handelt, kennt viele Menschen aus den Exportländern, weiß um die Lebensgewohnheiten, erfährt, wenn es wirtschaftliche Probleme gibt. Und da man oft über viele Jahre miteinander vertraut ist, wird dann einfach geholfen. Bei uns wiederum sorgen unter anderem Exotenfrüchte dafür, daß der Einzelhandel mit seinem differenzierten Lebensmittelangebot nicht untergeht.

HANDEL UND TRANSPORT

Das Spektrum an exotischen Früchten erweitert sich ständig: Bis vor wenigen Jahren betrug ihr Marktanteil im Sommer, wenn es genügend einheimisches Obst gibt, nur etwa 10 Prozent, heute erreicht er bis zu 80 Prozent. Viele Exoten gehören inzwischen zum Standardangebot und werden saisonal gehandelt wie alle anderen heimischen Früchte. Dies hat verschiedene Gründe: Erstens sind wir durch viele Reisen auch in kulinarischer Hinsicht weltoffener geworden. Was uns im Urlaub gut geschmeckt hat, wollen wir auch zu Hause nicht missen.

Eine Gruppe edler Exoten: Ananas mit zwei Blüten (oben links). Beim Reifen werden die Blüten zu Beeren, die mit den kleinen Deckblättern oben und den Blütenstielchen unten zusammenwachsen, so daß sich die Frucht bildet. Ganz unten links der „Sauersack“, die größte der Annonen am Zweig, daneben die verwandte Stachelannone, eine kleinere und wunderbar süße Frucht. Der Zweig mit Blättern (rechts oben) stammt vom „Fensterblatt“ – bei uns eine beliebte Zimmerpflanze, in ihrer mittelamerikanischen Heimat ebenfalls Obst. Der Fruchtstand erinnert an die Kolben von Schilfpflanzen, die Früchte wachsen wie überlange Ananas aus einzelnen Beeren zusammen. Man gewinnt daraus Saft als Grundlage für Speiseeis.

Darüber hinaus sorgten besonders ausländische Einzelhändler dafür, daß das Lebensmittelangebot in Deutschland mittlerweile ein Niveau erreicht hat, wie es Franzosen und Italiener, Holländer oder Briten schon länger gewohnt sind. Trotzdem gibt es noch eine Menge nachzuholen. Wenn man in einem unserer europäischen Nachbarländer eine Avocado kaufen möchte, kann man häufig aus drei Reihen im Gemüseregal wählen: die knochenharte Frucht für den Vorrat, die halbweiche fürs geplante Familienessen am übernächsten Tag oder die weiche fürs Abendessen am selben Tag.

Ein dritter Punkt sind die verbesserten Transportwege: Um lange Seereisen zu überstehen, mußten die Früchte früher in einem so frühen Stadium gepflückt werden, daß sie noch unreif waren und weder Geschmack noch Aroma entwickeln konnten. Heute kann man sie zum richtigen Zeitpunkt ernten, denn dank moderner Kühlcontainer kann man sie unter kontrollierten Bedingungen transportieren, die Altern und Verderb hinauszögern.

Bei besonders empfindlichen Früchten spielt der schnelle Warenumschlag sogar eine noch wichtigere Rolle: So sollte bei Cherimoyas die Zeitspanne zwischen Ernte und Verbrauch maximal sechs Tage betragen. Und Ananas überstehen zwar eine elftägige Schiffsreise von der Elfenbeinküste bis zum Importeur in Holland und den Weitertransport bis zum Verbraucher, doch die besten Exemplare werden so geschnitten, daß sie bereits zwei bis drei Tage später im Laden sind. Empfindliche Früchte werden heute vorwiegend per Luftfracht transportiert. Dabei setzt man gewöhnlich keine Frachtflugzeuge ein, sondern benutzt Passagierflugzeuge, die die Route ohnehin fliegen. Aus Kostengründen hält man allerdings beim Transport den Luftfrachtanteil so gering wie möglich.

Darüber hinaus haben auch viele Mittelmeerländer in den letzten Jahren mit dem Anbau von Exoten begonnen, und Früchte, die früher von weither importiert werden mußten, wachsen heute in bester Qualität quasi vor unserer Haustür. Beispiele sind die köstlichen Babybananen von den Kanarischen Inseln oder die wunderbar saftigen Kakifrüchte aus Italien, Frankreich und Spanien.

QUALITÄTSKONTROLLE UND SORTIERUNG

Vom Importeur wird die Qualität der Früchte geprüft, egal, ob sie per Schiff, Flugzeug oder Lkw angeliefert wurden. Faule oder angeschimmelte Ware wird sofort aussortiert. Auch überreife Früchte, wie gelbe Papayas, gelangen gar nicht erst in den Verkauf, denn jeder Groß- oder Einzelhändler läßt Ware zurückgehen, die nicht den Qualitätsnormen entspricht oder von der er annimmt, daß er sie nicht verkaufen kann. Diese Praxis treibt zuweilen seltsame Blüten, wenn etwa Supermärkte nur grasgrüne Limetten abnehmen und wirklich gute, reife Früchte mit nur einem Hauch von Gelb auf der Schale zurückweisen. Als Verbraucher kann man grundsätzlich davon ausgehen, daß der Händler sein Angebot unter Kontrolle hat. Wenn es einmal nicht den Erwartungen entspricht, hat er sich vielleicht bei den Mengen verschätzt und die Ware nicht schnell genug verkaufen können. Wenn es allerdings immer mangelhaft ist, so kennt er sich entweder selbst nicht aus oder vertraut darauf, daß der Kunde nicht Bescheid weiß.

Auch die Sortierung der Früchte nach Größe und Reifegrad erfolgt beim Importeur: Der Einzelhändler kann sie halbreif oder reif bekommen, eine bestimmte Größe bestellen oder ein gemischtes Sortiment. Früchte, die zum Nachreifen bestimmt sind, wandern gleich hier in Kühlräume, wo sie optimale Lagerbedingungen vorfinden, die ihren differenzierten Ansprüchen an Temperatur und Luftfeuchtigkeit entgegenkommen.

REIFE UND EINKAUF

Für die Beurteilung der Reife, die für den Einkauf von exotischen Früchten äußerst wichtig ist, ist lange Erfahrung nötig. Denn Reife ist ein Prozeß und kein Zustand, der sich exakt definieren ließe. Solange eine Frucht mit der Pflanze verbunden ist, wird sie von dieser ernährt. Sobald sie jedoch „baumreif" gepflückt wird, beginnt sie, einen selbständigen Stoffwechsel auszubilden, und lebt nach der Ernte praktisch selbständig weiter. Hierin unterscheiden sich Obst, Gemüse und Samen wie Getreide grundsätzlich von anderen Lebensmitteln. Der Reifeprozeß beginnt schon an der Pflanze selbst und kann dort seinen Abschluß finden, jedoch auch nach dem Pflücken in der Frucht andauern, deren Stoffwechsel nach einem komplizierten Steuerungssystem weiterfunktioniert, bis die „Rädchen" quasi abgenutzt sind und die Balance außer Kontrolle gerät – die Frucht verdirbt. Begleitet wird dieser Prozeß von einem Wechsel der Farbe: Grüner Farbstoff (Chlorophyll) wird abgebaut, so daß zunächst überdeckte Farbanteile, wie gelbe oder rote Carotinoide, sichtbar werden. Im Fruchtfleisch spalten sich die langen Ketten der Stärkemoleküle in kleinere Einheiten auf, den süßen Zucker. Nicht lösliche Ballaststoffe verwandeln sich in lösliche Pektine. Die Zellwände lassen sich nun leicht verschieben: Die Frucht wird weich und ist nun „genußreif".

Obst, das vor der Baumreife gepflückt wird, reift nicht mehr nach; im Fruchthandel spricht man in diesem Fall von „toten" Früchten. Die Zeitspanne zwischen Baum- und Genußreife kann wie bei Kiwis mehrere Monate umfassen oder wie bei Zitrusfrüchten so kurz sein, daß sie für Transport und Handel nicht ins Gewicht fällt. Harte, saure Orangen sind zu früh gepflückt, die ersten Satsumas häufig in der Wärmekammer gereift worden, um möglichst zeitig auf den Markt zu kommen. Diese Unsitte finden Sie übrigens nicht nur bei Exoten: So tauchen Zwetschen, diese wunderbar saftigen Herbstfrüchte, oft bereits im Sommer auf – steinhart und ohne jedes Aroma. Daran ist nur zum Teil der Handel schuld, indem er durch sein Angebot die entsprechende Nachfrage weckt. Einen Großteil der Schuld tragen wir Verbraucher selbst, weil wir diese Praxis mitmachen und so dazu beitragen, daß die Lebensmittelpalette zwar immer bunter, gleichzeitig jedoch auch fader wird.

Saft, Aroma und Geschmack bietet nur reifes Obst. Die folgenden Tips sollen Ihnen den Einkauf erleichtern. Gerade bei exotischen Früchten, die für die meisten von uns ungewohnt und fremdartig sind, ist fachkundiger Rat unerläßlich. Diesen erhalten Sie überall dort, wo die exotische Ware von Personen angeboten wird, die auf langjährige Erfahrung zurückgreifen können: bei Exotenfachhändlern, in Asien- und Mittelmeerläden, Geschäften für lateinamerikanische, mexikanische und pazifische Lebensmittel, oft auch bei Gemüsehändlern oder in Feinkostgeschäften. Dort ist sie zwar meist nicht billig, denn sie stammt häufig aus kleinen Betrieben, und die Arbeit, die hinter

Wichtige Zitrusfrüchte und die eindrucksvollen Blüten der Zitrone (oben) auf zwei Drittel ihrer natürlichen Größe verkleinert: Am Längsschnitt der Ugli (rechts) erkennt man die Verwandtschaft mit mittelgroßer Orange, hellfleischiger Grapefruit und dem „Easypeeler" Tangerine. An Kumquat (rechts oben) und Zitrone (links unten im Längsschnitt) sieht man, wie Exotenobst im Laufe der Zeit züchterisch den Verbraucherwünschen angepaßt wurde: Es gibt auch dattelförmige, besonders aromatische Kumquats und dünnschalige Zitronen, die sehr viel Saft enthalten. Die Clementine (Mitte), „jüngste" Verwandte der Mandarine und knapp 100 Jahre alt, enthält nur wenige oder gar keine Kerne.

Anbau, Ernte, Transport und Qualitätskontrolle steckt, hat natürlich ihren Preis. Erfahrungsgemäß lohnt er sich jedoch, denn bei den Händlern, die aus den Ländern selbst kommen und sich mit ihrer Ware auskennen, werden Sie gut beraten und erhalten in der Regel nur wirklich hochwertiges Obst. Supermärkte und Gemüseabteilungen großer Warenhäuser sind nur dann eine empfehlenswerte Einkaufsquelle, wenn Sie sich selbst bereits so gut mit Exoten auskennen, daß Sie ihre Qualität selbst beurteilen können. Viele Früchte jedoch sind dort überhaupt nicht erhältlich.

Beherzigen sollten Sie auch einen Grundsatz, der von den Experten, mit denen ich gesprochen habe, immer wieder betont wurde: Kaufen Sie nicht nach Größe und äußerer Schönheit. Denn Größe weist meist auf einen hohen Wassergehalt hin, weniger auf einen besonders ausgeprägten Geschmack. Selbst die Natur setzt Schönheit nur als Lockmittel ein: Farbenprächtige Blumen und grandiose Blütenstände verlocken Insekten und Vögel zur Bestäubung der Pflanze. Bei ihren Früchten spielt das Äußere dann keine Rolle mehr.

Wichtig für den Geschmack ist vor allem die Ausgewogenheit von Fruchtsäuren, Zucker und Aromastoffen. Die meisten Früchte schmecken übrigens am besten, wenn sie gerade an der Grenze zwischen Reife und Überreife stehen: Rote Passionsfrüchte und Tamarillos sollten schrumpelig, Bananen und Mangos bräunlich und leicht fleckig, Karambolen mit braunen Sternspitzen versehen sein. Bei Schuppenannonen bricht die Schale auf, Guaven riechen meterweit. Verlassen Sie sich beim Kauf auf Ihre Sinne: Mangos, Melonen, Ananas und viele andere Exoten verströmen einen unnachahmlichen Duft. Wenn Ihnen beim Schnuppern das Wasser im Mund zusammenläuft, sollten Sie sie kaufen.

Den Reifegrad sollten Sie nicht mit dem Daumen, sondern mit der ganzen Hand prüfen. Druck hinterläßt auf empfindlichen Früchten oft einen schwarzen Fleck, der rasch fault. Wenn Sie jedoch die ganze Frucht in die Hand legen und leicht die Finger darum schließen, spüren Sie ihre Reife: weiche Haut, weiches Fruchtfleisch unter der Schale und jenen Hauch sanfter Wärme, wie sie nur reife Früchte ausstrahlen.

Exotische Früchte von A–Z

Ananas

Ananas comosus

Familie der *Bromeliaceae* – Ananasgewächse

engl.: *pineapple*

franz.: *ananas*

Nährwert (pro 100 g):
57 kcal, 240 kJ;
0,4 g Eiweiß, 0,2 g Fett,
13,5 g Kohlenhydrate

PFLANZE ~ Sie sieht aus wie der Schopf der Ananasfrucht, nur wesentlich mächtiger: Knapp 1 m lange, spitze, scharfkantige Blätter bilden eine Rosette. Aus ihrer Mitte wächst ein etwa 30 cm langer Stiel mit 100 bis 200 weißrosa Blüten, die wie eine Ähre angeordnet sind. Um die Blüten stehen Deckblätter, die Spitze der Ähre krönt eine weitere Blattrosette. Beim Reifen werden die Blüten zu Beeren, die mit Deckblättern und Blütenstiel zu einer fleischigen Frucht zusammenwachsen.

URSPRUNG UND VERBREITUNG ~ Nach seiner zweiten Atlantiküberquerung erhielt Christoph Kolumbus am 4. November 1493 von den Einwohnern Guadeloupes Ananasfrüchte als Willkommensgeschenk. Er verglich sie mit Pinienzapfen, wodurch die spanische und englische Bezeichnung der Ananas entstand („Pinienapfel"). Die Europäer sorgten für ihre Verbreitung über die tropischen Regionen der ganzen Welt. Dabei pro-

Einkaufstip

Fluganan as schmecken am besten, weil die Früchte reif geerntet werden. Außerdem sind es häufig Sorten, die nicht vorwiegend auf Haltbarkeit gezüchtet werden.

fitierten sie von der Zuchterfahrung der Indios: Während die Ur-Ananas noch lästige Samen in den Beeren trugen, konnten die Kultur-Ananas der Indianer bereits durch Schößlinge vermehrt werden.

ANBAU ~ Überall in den Tropen.

IMPORTE ~ Das ganze Jahr über, vorwiegend von der Elfenbeinküste, außerdem aus Kenia, Ghana, Uganda, Kamerun, Südafrika, Costa Rica, Ecuador, Kolumbien, Brasilien, Malaysia, Thailand, Taiwan.

FRUCHT

- Eßbar: Fruchtfleisch und Strunk.
- Ungenießbar: Schale.
- Geruch und Geschmack: frisch, säuerlich, sehr intensiv.
- Reife: intensiver Duft, schwere Früchte mit frischen, saftigen Rosettenblättern, die inneren Blätter lassen sich leicht auszupfen. Die Farbe sagt nichts über den Reifegrad aus.
- Überreife Früchte: weich mit Druckstellen, die Fäulnis oder Schimmel zeigen; welke Blattrosette.
- Unreife Früchte: giftgrün und ohne Duft.

VERWENDUNG

- Roh als Obst, für süße und herzhafte Salate, Tortenfüllungen und Obsttortenbeläge.
- Eingekocht für Konfitüre oder Chutney.
- Geschmort mit Geflügel und Fleisch.
- Gebacken in Kuchen und Pies.

VORBEREITUNG

- Stielansatz und Blätterschopf großzügig abschneiden.
- Frucht aufrecht stellen und die Schale in Streifen abschneiden.
- Frucht längs vierteln, dann achteln und den Strunk in der Mitte heraustrennen. Fruchtfleisch von der Schale schneiden und zerkleinern.

Tips für die Küche

• Auf einem Teller schneiden, um damit den Saft aufzufangen.

• Schale so dünn wie möglich abschneiden und lieber die „Warzen“ ausstechen, denn das Fruchtfleisch direkt unter der Schale schmeckt am besten.

• Ananas enthält das Eiweiß-Enzym Bromelain, das verhindert, daß Gelatine fest wird. Verwenden Sie daher für Desserts oder Tortengüsse mit frischer Ananas pflanzliche Geliermittel wie Agar-Agar oder Pektin, oder dünsten Sie die Ananas kurz.

• Bromelain macht Fleisch zart: Fleisch- und Ananasscheiben aufschichten, zehn Minuten ziehen lassen, dann braten oder schmoren.

• Sehr reife Früchte kann man für rohe und gekochte Saucen verwenden.

AUFBEWAHRUNG

- Ganze reife Früchte etwa 4 Tage bei Kühlschranktemperatur von maximal 5 °C; bei niedrigeren Temperaturen bilden sich schwarze Flecken in der Frucht.
- Aufgeschnittene reife Früchte höchstens 1 Tag bei maximal 5 °C.
- Zum Nachreifen auf weicher Unterlage oder am Schopf aufgehängt in einem kühlen Zimmer bei 10 bis 15 °C lagern.

SORTEN, DIE MAN LEICHT BEKOMMT

Smooth Cayenne oder **Cayenne lisse**

Herkunft: vor allem Elfenbeinküste, Kenia, Südafrika.
Größe und Gewicht: groß, bis 2,5 kg.
Form: rundlich.
Schale: glatt, rötlich-gelb.

Fruchtfleisch: blaßgelb, mit hohem Zucker- und Säuregehalt.
Merkmale: Blätter fast frei von Stacheln.
Angebot: ganzjährig.
Besonderheit: Marktführer, wichtigste Konservenfrucht, wird auch als Babyananas angeboten.

Red Spanish (Foto links)

Herkunft: vor allem Malaysia.
Größe und Gewicht: mittel, etwa 1,5 kg.
Form: etwa so dick wie lang.
Schale: glatt, rötlich-gelb.
Fruchtfleisch: fahlgelb, faserig, von angenehmer Säure.
Merkmale: Blätter fast frei von Stacheln.
Angebot: ganzjährig.
Besonderheit: sehr gut haltbar.

Queen

Herkunft: vor allem Südafrika, Mauritius.
Größe und Gewicht: klein, etwa 500 g.
Form: konisch.
Schale: rauh, goldgelb, die Blattschuppen sind kugelförmig und sehr ausgeprägt.
Fruchtfleisch: tiefgelb, faserig, starkes Aroma, nicht so saftreich wie Cayenne.
Merkmale: Blattränder stark gezähnt.
Angebot: Oktober bis Mai.
Besonderheit: wird auch als Babyananas angeboten.

Babyananas „Victoria“ (Foto links)

Herkunft: überall aus den Tropen.
Größe und Gewicht: klein, etwa 500 g.
Form: rund.
Schale: goldgelb.
Fruchtfleisch: tiefgelb, weich, süß-aromatisch, duftet intensiv; nicht sehr saftreich.
Merkmale: kein harter Strunk in der Mitte.
Angebot: Oktober bis Mai.
Besonderheit: Eine der besten Babyananas kommt von der Insel Réunion.

Grünschalige Ananas

Herkunft: Thailand.

Größe und Gewicht: sehr groß, etwa 2 kg.

Form: länglich.

Schale: rauh, grün.

Fruchtfleisch: hellgelb, fast weiß, säuerlich, aromatisch und saftreich.

Merkmale: wird als Wildfrucht angeboten, d.h. die Früchte kommen nicht aus Plantagen.

Angebot: unregelmäßig.

Wichtig: Kaufen Sie grüne Ananas bei Fachleuten für Exotenobst oder in Asienläden, und machen Sie den Riechtest: Wenn die Frucht duftet, ist es wirklich eine reife grünschalige Sorte, andernfalls handelt es sich um eine unreife Ananas.

Avocato, Aguacate, Alligatorbirne, Butterfrucht, Palta

Persea americana

Familie der *Lauraceae* – Lorbeergewächse

engl.: *avocado*

franz.: *avocat*

Nährwert (pro 100 g):
230 kcal, 962 kJ; 1,9 g Eiweiß,
23,5 g Fett, 1 g Kohlenhydrate

PFLANZE ~ Avocados wachsen an 10 bis 20 m hohen Bäumen mit blaugrünen, stark geäderten Blättern – Zeichen ihrer Verwandtschaft mit Lorbeer. In Kulturen hält man die Bäume auf etwa 5 m Höhe, damit man besser ernten kann. Die winzigen, gelbgrünen Blüten bilden dichte Rispen, deren Anzahl so groß ist, daß aus durchschnittlich 5000 Blüten nur eine einzige Frucht entsteht. Avocados sind Steinfrüchte mit Samenkern wie Aprikosen und können je nach Sorte bis zu 20 cm lang werden.

URSPRUNG UND VERBREITUNG ~ Avocados wurden bereits vor 8000 Jahren in Mexiko und Guatemala angebaut; ihr Name leitet sich von dem aztekischen Wort *ahuakatl* ab. Um 1600 brachten die Europäer sie nach Südspanien, 1833 nach Florida, schließlich Mitte des 19. Jahrhunderts nach Kalifornien und Asien. Die Früchte, die wir heute essen, stammen von drei Urformen ab: dem fettreichen, dünnschaligen Typ aus dem Hochland von Mexiko, dem rauhschaligen Guatemala-Typ aus dem Hochland von Zentralamerika und dem „mageren" westindischen Typ mit glatter, ledriger Schale und großem Kern, der aus dem zentralamerikanischen Tiefland kommt.

ANBAU ~ Je nach Typ wachsen Avocados in den Tropen und Subtropen: Die Mexiko-Avocado verträgt Frost bis –3 °C und gedeiht auch im Mittelmeerraum. Die westindische dagegen braucht tropische Temperaturen. Die Bäume sind ziemlich widerstandsfähig gegen Schädlinge, so daß man in Avocado-Plantagen kaum Pflanzenschutzmittel einsetzt. Je nach Sorte werden die Früchte 9 bis 18 Monate nach der Blüte gepflückt, wenn sie reif, aber noch hart sind.

IMPORTE ~ Das ganze Jahr über aus allen Kontinenten.

FRUCHT

- Eßbar: Fruchtfleisch.
- Ungenießbar: Schale, Kern.
- Geruch und Geschmack: sahnig, nußartig.
- Reife: Die Früchte werden weich wie eine reife Banane; auf der Schale schwarze Pünktchen; der Stielansatz läßt sich leicht auszupfen. Das Fruchtfleisch ist gleichmäßig grün und weich wie streichfähige Butter. Bei manchen Sorten ändert sich die Schalenfarbe.
- Überreife Früchte: ausgeprägte schwarze Flecken auf der Schale; Fruchtfleisch mit schwarzen Schlieren.
- Unreife Früchte: hart oder, falls zu früh gepflückt, schrumpelig und ohne Aroma.

Tips für die Küche

• Eine aufgeschnittene Avocado verfärbt sich auch, wenn man den Kern nicht entfernt. Das Braunwerden kann man mit Zitronensaft oder durch Einwickeln in Folie hinauszögern, aber nicht verhindern.

• Avocados kann man bis kurz unter dem Siedepunkt erhitzen; beim Aufkochen, längeren Heißhalten und auch beim Einfrieren werden sie bitter.

VERWENDUNG

- Roh mit Zitronensaft, Pfeffer und Salz zum Auslöffeln.
- Für süße und herzhafte Salate.
- Püriert als Creme oder Drink.
- Eventuell kurz erhitzt als Suppe.

VORBEREITUNG

- Der Länge nach rundherum bis zum Kern einschneiden. Die Hälften leicht gegeneinander drehen und lösen. Die Messerschneide so kräftig auf den Kern schlagen, daß sie steckenbleibt, und den Kern herauslösen.
- Mit einem Eßlöffel oder Kugelausstecher das Fleisch aus den Schalen holen.
- Die Hälften schälen, mit der Höhlung nach unten auf die Arbeitsfläche legen und in Scheiben schneiden.

Einkaufstip

Sagen Sie, wann Sie die Avocado essen wollen. Vom Fachhändler bekommen Sie dann eine Frucht mit dem richtigen Reifegrad.

AUFBEWAHRUNG

- Ganze weiche Früchte 4 bis 10 Tage im Kühlschrank.
- Aufgeschnittene weiche Früchte mit dem Kern in Folie gewickelt 1 Tag im Kühlschrank.
- Nachreife: 2 bis 10 Tage bei Zimmertemperatur.
- Zur Beschleunigung der Nachreife: Avocados mit Äpfeln oder Bananen in eine Papiertüte legen: Diese Früchte geben das Reifegas Ethylen (siehe S. 247) ab.

HISTORISCHES ~ Der holländische Name für Eierlikör, „Advokaat", stammt von der Avocado. Die Indios hatten einen cremig-sahnigen Likör aus Avocados gebraut, und die Europäer mußten die Tropenfrüchte durch Eier ersetzen.

SORTEN, DIE MAN LEICHT BEKOMMT

Hass (Foto S. 28)

Herkunft: Israel, Südafrika, Martinique, Zypern, Australien.
Größe und Gewicht: klein bis mittelgroß, 200 bis 250 g.
Form: oval.

Schale: dick, runzelig mit Warzen.

Fruchtfleisch: gelb, nußartig, sehr aromatisch, wird rasch dunkel.

Merkmale: die einzige Importsorte, deren Schale sich bei Reife dunkel, fast schwarz färbt.

Angebot: ganzjährig.

Besonderheit: typischer Nußgeschmack, läßt sich gut pürieren.

Fuerte (Foto S. 25)

Herkunft: Israel, Südafrika, Martinique, Zypern, Australien.

Größe und Gewicht: mittelgroß, bis 250 g.

Form: birnenförmig.

Schale: dünn, glatt, glänzend und sattgrün.

Fruchtfleisch: hellgelb, aromatisch, ziemlich fettreich (18 bis 26 %), wird rasch dunkel.

Merkmale: Reife Früchte färben sich matt dunkelgrün.

Angebot: ganzjährig.

Besonderheit: Läßt sich gut in Scheiben schneiden und zu Kugeln ausstechen.

Ettinger

Herkunft: Israel.

Größe und Gewicht: groß, bis 300 g.

Form: oval.

Schale: glänzend, hellgrün, glatt.

Fruchtfleisch: hell, mit etwa 9% Fett eine „magere" Sorte.

Angebot: September bis Dezember.

Besonderheit: Gibt es auch aus ökologischem Anbau.

Babaco

Carica pentagona

Familie der *Caricaceae* – Melonenbaumgewächse

engl.: *babaco*

franz.: *babaco*

Nährwert (pro 100 g):
12 kcal, 52 kJ; 0,5 g Eiweiß,
0,1 Fett, 2,4 Kohlenhydrate

PFLANZE ~ Die Verwandte der Papaya (siehe S. 165) ist ein etwa 3 m hoher Baum mit großen, ahornähnlichen Blättern und saftigen Früchten, die wie Gurken an langen Stielen hängen.

URSPRUNG UND VERBREITUNG
Babacos stammen aus den Andentälern im Norden Südamerikas.

ANBAU ~ Seit Anfang der siebziger Jahre in Neuseeland, seit Mitte der achtziger Jahre auch in Italien.

IMPORTE ~ Von August bis November aus Italien, Neuseeland und Ecuador.

FRUCHT

- Eßbar: Frucht mit Schale.
- Geruch: frisch, fruchtig.
- Geschmack: süß-säuerlich, mild.
- Größe: etwa 30 cm lang und 10 cm dick.
- Form: wie eine lange Karambole, fünfeckig, aber ohne ausgeprägte Sternspitzen.
- Schale: glatt, dunkelgrün bis gelb.

Tips für die Küche

• Babacos schmecken am besten frisch mit Orangensaft, Zucker (Palmzucker), Honig oder Ahornsirup.

• Rohe Babacos enthalten das Enzym Papain. Es verhindert, daß Gelatine fest wird, und macht Milchprodukte bitter. Deshalb für Creme oder Gelee mit rohen Babacos als Geliermittel Pektin nehmen.

● Fruchtfleisch: kernlos, gelblich-weiß, weich und saftig.

● Reife: gleichmäßig gelbe Schale, auch mit kleinen braunen Tupfen; Frucht angenehm weich; Fleisch der aufgeschnittenen Frucht ist milchig-gelb.

● Überreife Früchte: große braune Flecken auf der Schale, Frucht sehr weich, Fleisch der aufgeschnittenen Frucht glasig.

● Unreife Früchte: dunkelgrüne oder grüne Schale, eventuell schon mit gelben Flecken.

VERWENDUNG

● Roh als Obst, für süße und herzhafte Salate.

● Püriert als süße Suppe, Creme oder Drink.

● Gedünstet als Kompott.

● Eingekocht für Konfitüre.

VORBEREITUNG

● Früchte zuerst waschen.

● Quer in Scheiben oder längs in Streifen schneiden und pürieren.

AUFBEWAHRUNG

● Ganze reife Früchte bei Zimmertemperatur, bis sich braune Flecken zeigen.

● Reife Früchte mit dem Saft von Zitrusfrüchten, pürieren und einfrieren.

● Nachreife: bei Zimmertemperatur bis zu 2 Wochen. Früchte, die dann noch grün sind, reifen nicht mehr.

Banane

Musa paradisiaca

Familie der *Musaceae* – Bananengewächse

engl.: *banana*

franz.: *banane, plantain*

Nährwert (pro 100 g):
81 kcal, 341 kJ; 1,2 g Eiweiß,
0,2 g Fett, 18,8 g Kohlenhydrate

PFLANZE ~ Bananen sind die größten Kräuter der Erde: mächtige Stauden, die in ihrer Wildform bis 15 m, in Plantagen zwischen 6 und 9 m Höhe erreichen. Nur die kleine Sorte Dwarf auf den Kanarischen Inseln bleibt unter 2 m. Die glatten, biegsamen Blätter sind so groß, daß man sie als Material für Dächer, Regenschutz und zum Kochen verwendet; kunstvoll geschnitten und gefaltet dienen sie als Kochgeschirr, als Hülle für nigerianische Bohnenpaste, süße thailändische Desserts, feste Reispäckchen (*lontong*) zu indonesischen Grillspießchen und geschmortem Fleisch mit viel Sauce. Männliche Bananenblüten ißt man wie Gemüse.

URSPRUNG UND VERBREITUNG ~ Die Urform unserer Obstbanane ist entstanden aus zwei Wildarten: *Musa accuminata* aus dem feuchtheißen Malayischen Archipel mit relativ viel Fruchtfleisch und kleinen Samen sowie der robusten *Musa balbisiana* aus der Region Indien–Philippinen–Neuguinea. Beide Arten wurden vermutlich schon vor etwa 10.000 Jahren gekreuzt, als Fischer Bananenschößlinge auf Reisen mitnahmen. Seitdem hat sich die Pflanze teils selbständig, teils durch See-

und Handelsleute nach Ost und West verbreitet: Die Portugiesen führten sie Anfang des 16. Jahrhunderts auf den Kanaren ein. In die Neue Welt gelangten Bananen vermutlich erst nach Kolumbus: Im Jahre 1516 wurden Stauden nach Haiti gebracht. Die ersten Fruchtimporte nach Deutschland liegen nur etwa 100 Jahre zurück.

Einkaufstip

Alternative zur kulinarischen Eintönigkeit sind kleine Obstbananen (siehe unten) und andere Sorten, die Sie in asiatischen, philippinischen und lateinamerikanischen Läden kaufen können. Bei Obst- und Gemüsehändlern gilt: Stete Nachfrage sorgt für ein größeres Angebot.

ANBAU ~ Bananenplantagen gibt es in allen tropischen Regionen; die kleinwüchsige Sorte Dwarf Cavendish (Zwerg-Cavendish, Kanarische oder Chinesische Banane) gedeiht auch außerhalb der Tropen. Bis in die fünfziger Jahre wurde Gros Michel, eine besonders aromatische Sorte, in Form mächtiger Büschel importiert. Da sie jedoch anfällig für Krankheiten und Windbruch war und darüber hinaus relativ geringe Erträge brachte, wurde sie in den sechziger Jahren durch die Cavendish-Sorten verdrängt, die heute den Markt beherrschen. Hauptanbauländer sind Brasilien, Indien, die Philippinen, Ecuador, Mexiko und Thailand.

ANGEBOT ~ Seit Jahren kommen vorwiegend große Bananen auf den Markt. Gehandelt werden sie jedoch nicht unter ihren Sortennamen (z. B. Cavendish, Gros Michel oder Valeria), sondern unter den Markennamen der Fruchthandelskonzerne (z. B. Bonita, Chiquita, Dole). Dies hat Nachteile für uns Verbraucher: Wir können im Supermarkt lediglich zwischen dem Zustand „reif" oder „unreif" wählen, aber nicht die Sorte aussuchen, die uns am besten schmeckt.

IMPORTE ~ Große Obstbananen das ganze Jahr über aus Ecuador, Kolumbien, Costa Rica, Honduras, Guatemala und Panama. Andere Sorten werden unregelmäßig angeboten und unterliegen Preisschwankungen.

FRUCHT

- Eßbar: Fruchtfleisch.
- Ungenießbar: Schale.
- Größe: von Fingerlänge bis etwa 30 cm.
- Form: gekrümmt oder gerade; von lang und schlank mit spitzem Ende bis dick und stumpf.
- Schale: grün, gelb bis rötlich.
- Fruchtfleisch: cremefarben bis gelb und rötlich.
- Reife: Schale gelb, bei Vollreife bräunlich-gelb mit kleinen braunen Tupfen.
- Überreife Früchte: Schale mit braunen Flecken oder ganz braun verfärbt; Fruchtfleisch mit leichtem Alkoholgeschmack.
- Unreife Früchte: hart und grün; Fleisch herb, auch adstringierend und bitter.

VERWENDUNG ~ Roh, geschmort, gebraten, gebacken und eingekocht als Konfitüre oder Chutney.

AUFBEWAHRUNG

- Reife Früchte bei Zimmertemperatur. Im Kühlschrank verlieren sie ihr Aroma und werden fleckig.
- Nachreife: bei Zimmertemperatur.

Tips für die Küche

• Für herzhafte Gerichte verwendet man feste Bananen mit gelber Schale.

• Für Chutneys, Konfitüre und Kuchen mit Bananen eignen sich am besten vollreife, fleckige Früchte.

• Gekochte, geschmorte und gebackene Bananen brauchen Säure: z. B. Zitronen-, Limetten-, Orangen- oder auch Tamarindensaft.

• Überreife Bananen mit brauner Schale kann man geschält und in Stücke geschnitten bei 50 °C im Backofen trocknen.

Babybanane Zuckerbanane (Foto oben)

Herkunft: Thailand, Malaysia, Indien, Kenia, Kolumbien, Kanarische Inseln, Mexiko.

Länge: 10 bis 12 cm.

Form: schlank und gerade.

Schale: dünn; hellgelb, bei Reife fleckig.

Fruchtfleisch: blaßgelb, mit hohem Zucker- und Säuregehalt, sehr aromatisch.

Merkmale: Babybananen am Fruchtstand sehen aus wie gespreizte Finger.

Angebot: ganzjährig bei Exotenhändlern, bei Gemüsehändlern eventuell auf Nachfrage.

Besonderheit: ziemlich robuste Banane und die einzige, die außerhalb der Tropen wächst.

Apfelbanane

Herkunft: Südostasien, Kenia, Brasilien.

Länge: 8 bis 10 cm.

Form: dick und gerade.

Schale: sehr dünn, sattgelb, bei Reife rötlich und/oder fleckig.
Fruchtfleisch: süß, saftig, aromatisch mit leichtem Apfelaroma.
Merkmale: Apfelbananen sind so dick wie „normale" Bananen, doch nur so kurz wie Babybananen. Die Schale muß richtig fleckig sein.
Angebot: ganzjährig, kommen ausgereift per Luftfracht nach Europa und schmecken deshalb besonders gut.
Besonderheit: stammt von der Sorte Gros Michel ab (siehe S. 32).

Rote Banane (Foto unten)

Herkunft: Brasilien.
Länge: 12 bis 15 cm.
Form: vollschlank und gekrümmt.
Schale: grünlich bis dunkel rostrot.
Fruchtfleisch: lachsfarben bis zartrot.
Merkmale: schmeckt heiß am besten.
Angebot: bei Exoten-Händlern und in Asienläden, eventuell auf Nachfrage.
Besonderheit: Es gibt auch rote Gemüsebananen, die man nur zum Kochen und Backen verwenden kann.

Bergpapaya

Carica pubescens

Familie der *Caricaceae* – Melonenbaumgewächse

engl.: *mountain papaya*

franz.: *papaye de montagne*

Nährwert (pro 100 g):
12 kcal, 52 kJ;
0,5 g Eiweiß, 0,1 g Fett,
2,4 g Kohlenhydrate

PFLANZE ~ Sieht ähnlich aus wie die Papaya (siehe S. 165), allerdings mit behaarten Blättern. Die Früchte tragen fünf tiefe, längs verlaufende Kerben.

URSPRUNG UND VERBREITUNG
Lange hielt man die Bergpapaya aus den lichten Bergwäldern der Anden-Staaten für die „Urform" der Papaya. Doch inzwischen weiß man, daß es sich nur um eine andere Art handelt – so wie sich etwa Zitrone und Orange voneinander unterscheiden. Bergpapayas gedeihen in kühlem Klima; pflanzt man sie wie Papayas in heiße tropische Ebenen, so bilden sich keine Früchte.

ANBAU ~ In den Bergregionen von Panama, Peru und Chile.

IMPORTE ~ Das ganze Jahr über aus Chile, Brasilien und Hawaii, daneben unregelmäßig per Luftfracht.

FRUCHT
- Eßbar: das hellgelbe, süße, saftige Fruchtfleisch.
- Ungenießbar: Schale, Kerne und watteartiges „Bett" um die Kerne.

Tip für die Küche

Bergpayas enthalten mehr Papain als reife Papayas (siehe S. 167) und eignen sich gut für Currygerichte mit Fleisch.

- Geruch und Geschmack: wie Papaya.
- Form: faustgroß, birnenförmig.
- Schale: glatt, grün bis gelb.
- Reife: Schale grüngelb oder gelb, eventuell mit dunklen Pünktchen; die ganze Frucht liegt weich und warm in der Hand wie eine reife Banane; Fleisch der aufgeschnittenen Frucht ist milchig-weiß, butterweich und saftig.
- Überreife Früchte: Schale zitronengelb und mit braunen Flekken, die eingedrückt und wie mit Schimmel besetzt wirken; Frucht sehr weich; Fleisch der aufgeschnittenen Frucht ist glasig.
- Unreife Früchte: hart, Schale grün mit wenigen gelben Sprenkeln.

VERWENDUNG

- Roh als Obst zum Auslöffeln.
- Für süße und herzhafte Salate.
- Püriert als süße Suppe, Creme oder Drink.
- Gedünstet als Kompott.
- Eingekocht für Konfitüre oder Chutney.
- Gebraten oder geschmort mit Geflügel oder Fleisch.

VORBEREITUNG

- Die Frucht waschen, halbieren und die Kerne entfernen.
- In Schnitze teilen, von der Schale schneiden und würfeln.

AUFBEWAHRUNG

- Ganze reife Früchte im Kühlschrank 3 bis 4 Tage.
- Aufgeschnittene reife Früchte in Folie gewickelt im Kühlschrank 1 bis 2 Tage.
- Nachreife: bei Zimmertemperatur bis zu 2 Wochen.

Cherimoya

Chirimoya, Zuckerapfel, Rahmapfel

Annona cherimola

Familie der *Annonaceae* – Schuppenapfelgewächse

engl.: *cherimoya*

franz.: *chérimole*

Nährwert (pro 100 g):
62 kcal, 261 kJ; 1,5 g Eiweiß, 0,3 g Fett, 13,4 g Kohlenhydrate

PFLANZE ~ Die zierlichen Bäume von 3 bis 5 m gedeihen am besten in Höhen ab 800 m und in subtropischen Lagen wie Südspanien, das Klima tropischer Ebenen ist ihnen zu heiß. Andere Arten dagegen, wie Netz-, Schuppen- oder Stachelannone (siehe S. 155, 195 und 200), gedeihen nur im tropischen Tiefland.

URSPRUNG UND VERBREITUNG ~ Die Pflanze stammt aus dem Hochland von Peru und Ecuador, den „kühleren" Lagen der Tropen. Aufgrund von Ausgrabungen in Peru weiß man, daß ihre Früchte dort bereits in prähistorischer Zeit gegessen wurden.

ANBAU ~ In Höhenlagen tropischer und subtropischer Länder aller Kontinente.

Tips für die Küche

• Aufgeschnittene Früchte verfärben sich, deshalb sofort mit Zitronensaft beträufeln.
• Gekühlte Cherimoyas schmecken wie Erdbeer-Sahneeis mit einem Hauch Ananas.

ANGEBOT ~ Hauptsächlich im Herbst und Winter.

IMPORTE ~ Aus Südspanien von Oktober bis März, aus Israel von September bis Dezember; sonst kleinere Importe aus Chile, Peru und Thailand.

FRUCHT

- Eßbar: Fruchtfleisch.
- Ungenießbar: Schale und Samen.
- Geruch und Geschmack: mild-süß bis leicht säuerlich, je nach Sorte zimtähnlich wie Mangos und Aprikosen, Erdbeeren oder Himbeeren.
- Größe: etwas größer als eine Faust.
- Gewicht: 200 bis 300 g.
- Form: rundlich-oval.
- Schale: weißgrün bis schilfgrün, glatt und dünn.
- Fruchtfleisch: körnig wie Birnen, doch weich und cremig.
- Reife: die Frucht wird weich und bricht am Stielansatz auf; dort zeigt sich ein Sirup-Tröpfchen.
- Überreife Früchte: die Schale ist schwarzbraun; Frucht unangenehm weich bis matschig; Fleisch glasig.
- Unreife Früchte: hart mit grüner Schale.

VERWENDUNG

- Roh als Obst zum Auslöffeln.
- Durch ein Sieb gedrückt als Creme oder Getränk.

VORBEREITUNG ~ Die Frucht waschen und quer halbieren.

AUFBEWAHRUNG

- Ganze reife Früchte maximal 2 Tage bei Zimmertemperatur; sobald sie aufbrechen, muß man sie essen.
- Zerdrücktes Fruchtfleisch mit Zitrussaft vermischt einfrieren.
- Nachreife: auf weicher Unterlage in einem kühlen Zimmer. Cherimoyas geben das Reifegas Ethylen ab (siehe S. 247).

Clementine

Citrus reticulata x *Citrus aurantium*

Kreuzung aus Mandarine und Pomeranze

Familie der *Rutaceae* – Rautengewächse

engl.: *clementine*

franz.: *clementine*

Nährwert (pro 100 g):
46 kcal, 192 kJ;
0,7 g Eiweiß, 0,3 g Fett,
10,1 g Kohlenhydrate

PFLANZE ~ Es sind immergrüne, sehr dornige Sträucher oder Bäume, die Mandarinen und ihre zahlreichen Varietäten hervorbringen. Clementinen wachsen an dicht belaubten, mittelgroßen Bäumen, die gleichmäßig hohe Erträge liefern.

URSPRUNG UND VERBREITUNG ~ Ob bei der Kreuzung von süßer Mandarine und bitterer Pomeranze Zufälle der Natur oder züchterische Absicht eine Rolle spielten, scheint so umstritten wie das „Geburtsjahr" dieser höchst beliebten Frucht. Es heißt, daß der katholische Priester Clement Rodier die Clementinen um 1890 gezüchtet oder sie Anfang des 20. Jahrhunderts in seinem Garten gefunden habe. Die dritte Version: Die Clementine ist im Jahre 1912 zufällig entdeckt worden. Sicher ist, daß sie aus Algerien stammt und nach Pater Clement benannt wurde.

ANBAU UND ANGEBOT ~ Clementinen stehen in Anbau und Beliebtheit weltweit an der Spitze sämtlicher Mandarinenverwandten. Die beste Qualität kommt aus der Küstenregion im Westen Marokkos.

Tip für die Küche

Clementinen werden wie andere Zitrusfrüchte gewöhnlich mit Vorratsschutzmitteln behandelt. Wenn Sie die aromatische Schale zum Würzen verwenden, brauchen Sie Früchte, die mit dem Vermerk „Schale nicht behandelt" oder „Schale zum Verzehr geeignet" angeboten werden.

IMPORTE ~ Von Oktober bis Januar; Lieferländer sind vorwiegend Spanien, außerdem Marokko, Algerien, Italien, Israel und die Türkei.

FRUCHT

- Eßbar: Fruchtfleisch.
- Ungenießbar: behandelte Schale.
- Geruch und Geschmack: nach Zitrusfrüchten; süß mit angenehmer Säure.
- Besonderheit: vorwiegend kernlos.
- Größe und Form: wie eine Mandarine.
- Schale: dunkel orange bis rötlich.
- Fruchtfleisch: orangerot und sehr aromatisch.
- Reife: Schale läßt sich leicht ablösen, das Fruchtfleisch ist harmonisch süß-säuerlich.
- Überreife Früchte: Fruchtfleisch trocken.
- Unreife Früchte: Schale grünlich, haftet am Fruchtfleisch, Frucht sauer.

VERWENDUNG

- Roh als Obst.
- Für süße Gerichte und herzhafte Salate.

AUFBEWAHRUNG

- Reife Früchte bei Zimmertemperatur.
- Clementinen reifen wie alle Zitrusfrüchte nicht nach.

Coronilla

Erdbeerguave

Psidium Cattleyanum

Familie der *Myrtaceae* – Myrtengewächse

engl.: *guava*

franz.: *goyava*

Nährwert (pro 100 g):
34 kcal, 146 kJ; 0,9 g Eiweiß, 0,5 g Fett, 5,8 g Kohlenhydrate

PFLANZE ~ Die Früchte wachsen wild an 3 bis 10 m hohen, immergrünen Bäumen. In Plantagen hält man sie niedrig wie Sträucher, damit man sie besser abernten kann.

URSPRUNG UND VERBREITUNG ~ Coronillas stammen wie alle Guaven aus einer riesigen Region, die von Mexiko über die Westindischen Inseln bis nach Brasilien reicht.

ANBAU UND ANGEBOT ~ In Wildformen gedeihen sie in Mittel- und Südamerika, in Kolumbien werden sie darüber hinaus für den Export kultiviert.

Einkaufstip

Coronillas gelten hierzulande noch als ausgefallene Exoten, die man bei vielen Fachhändlern nur auf Bestellung erhält.

IMPORTE ~ Ganzjährig; unregelmäßige Lieferungen per Luftfracht aus Kolumbien.

FRUCHT
- Eßbar: Frucht mit Kernen.
- Besser entfernen: Schale.
- Geruch: frisch und fruchtig.
- Geschmack: süß-säuerlich, eine Mischung aus Erdbeeren, Zitronen, Ananas und Bananen.
- Größe und Form: wie eine Mandarine; rundlich.
- Schale: grünlich bis blaßgelb, oft mit ein paar bräunlichen Flecken.
- Fruchtfleisch: blaßgelb, schmeckt aromatischer als andere Guavenarten und enthält weniger Kerne.
- Reife: intensiver Duft, Schale wird gelb und gibt auf leichten Druck nach.
- Überreife Früchte: unangenehm weich und ekelhaft säuerlich.
- Unreife Früchte: hart und ohne Duft.

VERWENDUNG
- Roh als Obst.
- Püriert für Getränke und Sorbets.

VORBEREITUNG ~ Waschen und schälen oder zum Auslöffel halbieren.

AUFBEWAHRUNG
- Reife Früchte maximal 2 Tage im Kühlschrank.
- Nachreife: bei Zimmertemperatur.

Tip

Weißfleischige Guaven ißt man gewöhnlich nur roh, aus rotfleischigen wird auch Kompott oder Konfitüre gekocht.

Curuba

Passiflora molissima

Familie der *Passiflorae* – Passionsblumengewächse

engl.: *banana passionfruit, mollifruit*

franz.: *tacso*

Nährwert (pro 100 g):
67 kcal, 280 kJ; 2,4 g Eiweiß, 0,4 g Fett, 13,4 g Kohlenhydrate

PFLANZE ~ Sie ist eine Schlingpflanze wie die Liane und schmückt Pergolen und Lauben dort, wo sie im Freien wächst. Bei uns gedeiht sie nur als Zimmer- und Wintergartenpflanze. Sie trägt Blätter wie Weinlaub und lange rosa oder weinrote Blüten. Daraus entwickeln sich längliche Früchte, die wie Klöppel an Stielen hängen.

URSPRUNG UND VERBREITUNG ~ Wie alle Passionsfrüchte stammt auch die Curuba aus Mittel- und Südamerika. Nach archäologischen Funden vermutet man, daß es sich bei den Passionsfrüchten um alte Kulturpflanzen der Indios handelt.

ANBAU ~ In den kühlen, hohen Lagen der Anden.

IMPORTE ~ Ganzjährig aus Kolumbien und Peru.

FRUCHT

- Eßbar: Fruchtfleisch und Samen.
- Ungenießbar: Schale.
- Geruch und Geschmack: mild, würzig säuerlich, ein wenig nach Apfel, Orange und Gurke.

- Größe und Form: bis zu 10 cm lang und etwa 3 cm dick.
- Schale: zart behaart und samtig; weißgelb oder ziegelrot, etwa so dick und fest wie bei einer Banane.
- Fruchtfleisch: gelb bis orangefarben, geleeartig mit vielen eßbaren und aromatischen Kernen.
- Reife: wenn die Schale gleichmäßig gelb oder rot gefärbt ist und zu schrumpfen beginnt.
- Überreife Früchte: unangenehm säuerlich.
- Unreife Früchte: grünliche Schale.

VERWENDUNG

- Roh als Obst zum Auslöffeln.
- Für Cremes, Fruchtsaucen oder Drinks.

VORBEREITUNG

- Die Früchte quer halbieren.
- Fruchtfleisch mit den Kernen aus der Schale löffeln.
- Fruchtfleisch aus der Schale lösen und durch ein Sieb streichen.

AUFBEWAHRUNG

- Ganze reife Früchte etwa 1 Woche im kühlen Raum, doch nicht im Kühlschrank.
- Nachreife: bei Zimmertemperatur.

Tip

Curubas sind eher säuerliche Passionsfrüchte und passen gut zu herzhaften Gerichten: Das Fruchtfleisch samt Kernen kurz vor Ende der Garzeit in Weißweinsaucen zu Kalbsfilet, Geflügel oder Kaninchen mischen und kurz erhitzen.

Dattel

Phoenix dactylifera

Familie der *Arecaceae (Palmae)* – Palmengewächse

engl.: *date*

franz.: *dattier*

Nährwert (pro 100 g):
134 kcal, 563 kJ; 0,9 g Eiweiß, 0,3 g Fett, 32 g Kohlenhydrate

PFLANZE ~ Die Stämme der Dattelpalme können etwa 30 m Höhe erreichen; moderne Züchtungen sind viel niedriger, damit man besser ernten kann. Die Krone der Palme bilden zahlreiche gefiederte Blätter von 4 bis 7 Meter Länge und 10 bis 20 Blütenständen an langen Stielen mit jeweils etwa 200 Früchten. Das heißt, daß eine Dattelpalme pro Jahr 80 bis 100 Kilo Datteln liefert und das etwa 70 Jahre lang. Denn Datteln wachsen langsam und können ein paar hundert Jahre alt werden. Sie bringen Früchte nach etwa 10 Jahren, erreichen das Optimum im 30. Lebensjahr, und der Ertrag läßt erst im 100. Jahr nach. Zum Gedeihen müssen sie „mit den Füßen im Wasser und mit dem Kopf im Feuer stehen"; sie brauchen reichlich Nässe von unten, aber starke Sonne und trockene Luft. Die Wurzeln reichen bis 6 m Tiefe, wo sie die Feuchtigkeit aus dem Grundwasser oder künstlicher Bewässerung holen. Regen stört die Befruchtung und läßt reifende Früchte aufplatzen.

URSPRUNG UND VERBREITUNG ~ Die Dattelpalme stammt vermutlich aus Mesopotamien, dem Zweistromland zwischen Euphrat und Tigris, wo sie bereits vor 5000 Jahren kultiviert wurde. Von dort aus verbreitete sie sich im gesamten Trockengürtel zwischen Vorderasien, Iran und Indien. Dattelhaine haben die Phönizier vor 2500 Jahren in Südspanien angelegt. Datteln sind die einzigen Palmen, die als Nutzpflanzen auch in Europa gedeihen und Früchte tragen. Die Bäume kann man vollständig verwerten: Getrocknet und gepreßt liefern sie Dattelbrot, aus besonders zuckerreichen Sorten gewinnt man Sirup und Wein. Junge Blätter ißt man als Palmkohl, ältere verfüttert man an die Tiere, verarbeitet sie zu Seilen und Baumaterial. Geröstete Dattelkerne sind Kaffee-Ersatz.

Einkaufstip

Frische Datteln werden sofort nach der Ernte eingefroren und erst zum Verkauf wieder aufgetaut. Die Früchte sollten eine saubere, glatte Haut haben; Nässen und Zuckertröpfchen am Stiel sind Zeichen von langer Lagerung.

ANBAU ~ Datteln für den Frischverkauf werden vor allem in Tunesien, Ägypten, Israel und Kalifornien angebaut.

IMPORTE ~ Das ganze Jahr über aus Israel und Kalifornien, von September bis Oktober aus Ägypten; ab Oktober aus Tunesien.

FRUCHT

- Eßbar: Fruchtfleisch mit Haut.
- Ungenießbar: Kern.
- Geruch und Geschmack: süß, aromatisch und leicht nach Honig; im Biß ähnlich wie eine Zwetsche.
- Größe und Form: je nach Sorte 8 bis 10 cm, oval.
- Schale: mittel- bis schwarzbraun glänzend und glatt.
- Fruchtfleisch: rötlich-braun bis weiß in der Mitte, fest.
- Reife: Haut gleichmäßig gefärbt, nicht fest an der Frucht haftend; Fleisch weich.

Tips für die Küche

• Um die Haut zu entfernen, den kurzen Stielansatz abziehen und die Dattel am anderen Ende zusammendrücken. So gleitet sie leicht aus der Hand.

• Datteln kann man mit süßen und herzhaften Zutaten füllen.

● Überreife Früchte: unangenehm säuerlich.

● Unreife Früchte: Schale hellbraun oder heller; Fruchtfleisch hart und leicht adstringierend.

VERWENDUNG

● Roh als Obst.

● Für süße und herzhafte Salate.

● Mit süßen oder herzhaften Zutaten gefüllt.

VORBEREITUNG ~ Die Früchte waschen, halbieren und die Kerne entfernen.

AUFBEWAHRUNG

● Reife Früchte etwa 4 Tage im Kühlschrank.

● Für längere Aufbewahrung einfrieren.

● Nachreife: Datteln werden gewöhnlich reif geerntet; Früchte mit hellbrauner Schale läßt man ein paar Tage bei Zimmertemperatur liegen.

HISTORISCHES ~ Das vermutlich älteste Relief mit einer Darstellung von Pflanzenzüchtern stammt aus der Regierungszeit des Assyer-Königs Assurnassirpal II. (884–859 v. Chr.). Es zeigt Priester mit Vogelmasken bei der künstlichen Bestäubung von Dattelpalmen.

SORTEN, DIE MAN LEICHT BEKOMMT

Deglet Nour (Foto S. 46)

Herkunft: Tunesien.

Größe: klein.

Form: rundlich.
Haut: dünn, goldgelb.
Fruchtfleisch: weich, sehr aromatisch.
Angebot: ganzjährig.

Zahidi (Foto unten)

Herkunft: Israel.
Größe: mittelgroß.
Form: rundlich.
Haut: goldbraun.
Fruchtfleisch: weniger Süße.
Angebot: ganzjährig.

Medjoul

Herkunft: Tunesien, Ägypten, Israel, Kalifornien.
Größe: groß.
Form: länglich.
Haut: mittelbraun.
Fruchtfleisch: weich und süß; gilt daher als eine der besten Sorten.
Angebot: ganzjährig.

Durian

Stinkfrucht, Baumkäse, Zibetkatzenbaumfrucht

Durio zibethinus

Familie der *Bombacaceae* – Wollbaumgewächse

engl.: *durian, civet durian*

franz.: *dourian, hérisson d'arbre*

Nährwert (pro 100 g):
114 kcal; 477 kJ; 2,7 g Eiweiß, 0,8 g Fett, 15 g Kohlenhydrate

PFLANZE ~ Die Bäume mit schlankem Stamm und weit ausladender Krone wachsen etwa 30 m hoch und tragen gelblich-weiße Blüten, die nach saurer Milch riechen. Die ganze Frucht besteht aus 5 Teilfrüchten, die jeweils 2 bis 3 Samen enthalten. Reife Durians fallen sofort vom Baum und sind höchst begehrt – bei Menschen, Elefanten, Affen und Zibetkatzen. Der Engländer Alfred Russell Wallace, Naturforscher wie sein Zeitgenosse Darwin, fand, eine Reise nach Südostasien lohne sich allein wegen der Durian.

URSPRUNG UND VERBREITUNG ~ Die Bäume stammen aus Westmalaysia und Borneo.

ANBAU ~ In Malaysia, Indonesien, Thailand, Singapur und auf den Philippinen.

IMPORTE ~ Regelmäßig vorwiegend aus Thailand.

Tip

Die beste Beschreibung der Durian stammt von Tutty Wilpernig aus Java: „Sie schmeckt wie Vanillecreme mit reichlich Mandeln gewürzt, einem Hauch von Zwiebeln ohne Schärfe und einem guten Schuß halbtrockenem Sherry."

FRUCHT

- Eßbar: Samenmantel und Samen.
- Ungenießbar: Schale und Fleisch, in das die Samen mit dem Samenmantel eingebettet sind.
- Geruch: Wer Durian mag, findet ihn fantastisch, wer nicht, hält ihn für eine Mischung aus Käse, Terpentin und faulen Eiern.
- Geschmack: eine Mischung aus Knoblauch, Zwiebeln, Mandeln und Vanille, die auf Durian-Liebhaber höchst harmonisch, auf alle anderen abstoßend wirkt.
- Größe: bis zu 30 cm lang, 12 bis 25 cm im Durchmesser.
- Gewicht: bis zu 10 kg; verkauft werden Früchte von 3 bis 4 kg.
- Form: wie ein Igel.
- Schale: grünbraun bis olivgrün, dicht besetzt mit pyramidenförmigen Stacheln.
- Samenmantel: cremefarben, weich und doch fest, süß und klebrig wie Honig.
- Samen: etwa so groß wie Eßkastanien, erinnern im Geschmack an Walnüsse.
- Reife: Alle Duft- und Geschmacksnoten müssen vorhanden sein.
- Überreife Früchte: Samenmantel ranzig, sauer und braun verfärbt.
- Unreife Früchte: gibt es bei uns nicht.

Einkaufstip

Kaufen Sie bei Fachleuten in Exoten- und Asienläden. Dort zeigt man Ihnen auch, wie die Frucht vorbereitet wird. Durians sind übrigens auch in ihren Herkunftsländern sehr teuer.

VERWENDUNG

- Roh als Obst.
- Roh, gemischt mit Vanilleeis oder Pudding.

- Roh mit Klebreis und Palmzucker.
- Eingekocht als Konfekt.
- Samen in Öl geröstet wie Salzmandeln oder als Beilage zu Reisgerichten.

VORBEREITUNG

- Die Frucht mit einem scharfen Messer halbieren oder auseinanderbrechen.
- Die Samen aus dem weißen Fruchtfleisch pulen.
- Den Samenmantel von den Samen abziehen.

AUFBEWAHRUNG

- Grundsätzlich sollte man reife Früchte wegen ihres markanten Geruchs rasch verwenden.
- Halbierte Durians läßt man in der Schale, klappt die Frucht wieder zusammen und bindet sie zu. So kann man sie maximal 1 Tag aufbewahren; die offene Frucht wäre dann bereits vergoren.

Tips für die Küche

- *Wegen der Stacheln Arbeitshandschuhe zum Vorbereiten der Frucht anziehen.*
- *Das Fleisch um den Samenmantel sofort anrichten, damit es sich nicht verfärbt.*
- *Die Samen schneidet man zum Rösten in Scheiben.*

Feige

Ficus carica

Familie der *Moraceae* – Maulbeerbaumgewächse

engl.: *fig*

franz.: *figue*

Nährwert (pro 100 g):
61 kcal, 257 kJ; 1,3 g Eiweiß, 0,5 g Fett, 12,9 g Kohlenhydrate

PFLANZE ~ Aus wilden Feigenbäumen, die in allen Mittelmeerländern wachsen, haben sich zwei Varietäten entwickelt: Die Caprifeige, deren Früchte man nicht essen kann, und die Kulturfeige. Diese kleinen Bäume tragen entweder männliche oder weibliche Blüten. Aus den weiblichen entwickeln sich die Früchte – entweder ohne Bestäubung oder mit Hilfe der Gallwespe: Das Insekt legt seine Eier nur in die männlichen Blüten der Caprifeige. Auf der Suche nach neuen Brutplätzen bringen die geschlüpften jungen Gallwespen dann die (männlichen) Pollen der Caprifeige auch zu weiblichen Blüten der Kulturfeige. Aus dieser Verbindung entstehen die besten Früchte – Feigen der Smyrna-Gruppe mit bernsteinfarbenem Fruchtfleisch.

URSPRUNG UND VERBREITUNG ~ Feigen stammen aus dem Orient und tauchen seit Jahrtausenden in verschiedenen Kulturkreisen auf: Im Ägypten der Pharaonen waren sie Heilmittel, die Bibel erzählt vom Feigenbaum, den Jesus verdorren ließ, unter einem Feigenbaum hat Buddha die Erleuchtung erlangt, und die berühmte römische Wölfin soll Romulus und Remus darunter gesäugt haben.

ANBAU ~ Heute werden Feigen in den Mittelmeerländern, in den Subtropen der USA, Südamerikas, Südafrikas und Australiens kultiviert. Dickschalige Sorten bilden sich im Frühjahr aus der ersten frühen Blüte oder wachsen in Höhenlagen mit rauherem Klima, feine dünnschalige dagegen sind typische Sommerfrüchte mit viel Aroma. Helle, goldgelbe Honigfeigen aus Griechenland lassen sich wegen der hauchdünnen Schale leider nicht transportieren.

IMPORTE ~ Das ganze Jahr über: Die Türkei liefert von August bis Oktober, Griechenland und Frankreich im August und September, Italien im September und Oktober, Israel im Oktober und November, Brasilien von Dezember bis Juli.

Einkaufstip

Die besten violetten Feigen kommen von August bis Oktober aus der Türkei und Süditalien; beim Fachhändler gibt es auf Bestellung manchmal sogar goldgelbe Sorten. Früchte aus Brasilien, die in der Wintersaison importiert werden, bleiben grün und schmecken nicht besonders aromatisch.

FRUCHT

- Eßbar: gesamte Frucht.
- Geschmack: süß, mit wenig Säure und typischem Feigenaroma.
- Größe: zwischen 3 und 7 cm lang, Durchmesser 4 bis 6 cm.
- Gewicht: von 30 g bis 80 g.
- Form: birnen- oder tropfenförmig.
- Schale: dünn, je nach Sorte grün, dunkelviolett oder gelb.
- Fruchtfleisch: je nach Sorte hellrosa bis dunkelrot mit zahlreichen kleinen Samenkernen; süß und sehr saftig.
- Reife: Die Früchte sind weich und platzen leicht auf; grüne Sorten aus Italien bleiben grün; grüngelbe müssen richtig gelb werden; die violetten Sorten verlieren die grünen Stellen und färben sich einheitlich violett.
- Überreife Früchte: matschig, beginnen zu gären.
- Unreife Früchte: hart; violette Früchte zeigen grünliche Sprenkel auf der Schale; sehr unreife Früchte enthalten noch Milchsaft.

VERWENDUNG

- Roh als Obst.
- Roh für süße Gerichte und herzhafte Salate.
- Zu rohem Schinken, Salami und Käse.
- Gedünstet als Beilage zu Fleisch und Geflügel.

VORBEREITUNG

- Die Früchte heiß abwaschen und abtrocknen.
- Die Haut eventuell abziehen, den Stiel entfernen.
- In Viertel oder Scheiben schneiden.

AUFBEWAHRUNG

- Reife Früchte maximal 2 Tage im Kühlschrank, 1 Tag bei Zimmertemperatur.
- Nachreife bei Zimmertemperatur auf weicher Unterlage.
- Feigen müssen immer nebeneinander liegen.

ACHTUNG ~ Der Milchsaft in sehr unreifen Feigen kann Hautreizungen und Jucken verursachen.

Tips für die Küche

• Frische Feigen schmecken gut mit Schlagsahne, Eis, Weinbrand, Portwein oder Sherry medium.

• An herzhaften Beilagen eignen sich hauchdünn geschnittene Salami oder roher Schinken und würzige Käsesorten.

Feijoa

Ananas-Guave

Acca sellowiana

Familie der *Myrtaceae* – Myrtengewächse

engl.: *feijoa, Brazilian guava, pineapple-guava*

franz.: *feijoa, goyave ananas*

Nährwert (pro 100 g):
34 kcal, 146 kJ; 0,9 g Eiweiß,
0,5 g Fett, 5,8 g Kohlenhydrate

PFLANZE ~ Die Früchte wachsen an 3 bis 4 m hohen Sträuchern mit glänzenden grünen Blättern und leuchtend roten Blüten. Reif werden sie nicht gepflückt, sondern fallen zu Boden und müssen nach dem Aufsammeln noch einige Tage liegen, bevor man sie essen kann.

URSPRUNG UND VERBREITUNG ~ Feijoas stammen vermutlich aus einer Region, die von Paraguay und Nordargentinien bis hinunter nach Uruguay und Südbrasilien reicht.

ANBAU ~ Die Pflanzen werden heute in verschiedenen subtropischen Ländern auf allen Kontinenten angebaut.

IMPORTE ~ Von November bis März, vorwiegend aus Israel.

FRUCHT

- Eßbar: Fruchtfleisch und Kerne.
- Besser entfernen: Schale.
- Geruch: nach Ananas, durchdringend und leicht parfümiert.
- Geschmack: säuerlich und würzig; erinnert an Ananas und Stachelbeere.

Tip für die Küche

Aufgeschnittene Früchte verfärben sich rasch, deshalb sofort mit Zitrussaft beträufeln.

- Größe und Form: wie ein kleines Hühnerei.
- Schale: fest, etwas höckerig und dünn; grün mit weißlicher Wachsschicht.
- Fruchtfleisch: grünweiß bis grüngelb, saftig, weich und geleeartig bis körnig mit kleinen Kernen, die in einer kreuzförmigen Samenkammer liegen.
- Reife: Schale leuchtend grün, mit weißer Wachsschicht; Frucht weich mit intensivem Duft.
- Überreife Früchte: von außen nicht zu erkennen; Fruchtfleisch unangenehm säuerlich.
- Unreife Früchte: Fruchtfleisch hart, adstringierend mit bitterem Nachgeschmack.

VERWENDUNG

- Roh als Obst.
- Für süße und herzhafte Salate.
- Püriert als süße Suppe, Fruchtsauce, Cremes oder Drinks.

VORBEREITUNG ~ Die Früchte waschen und schälen oder halbieren und auslöffeln.

AUFBEWAHRUNG

- Reife Früchte maximal 2 Tage im Kühlschrank.
- Nachreife: bei Zimmertemperatur.

ACHTUNG ~ Feijoas haben abführende Wirkung.

Granadilla

Süße Granadilla, Süße Passionsfrucht

Passiflora lingularis

Familie der *Passifloraceae* – Passionsblumengewächse

engl.: *sweet passionfruit, golden passionfruit*

franz.: *grenadille douce*

Nährwert (pro 100 g):
67 kcal, 280 kJ;
2,4 g Eiweiß, 0,4 g Fett, 13,4 g Kohlenhydrate

PFLANZE ~ Granadillas wachsen an immergrünen, lianenartigen Sträuchern mit herzförmigen Blättern und großen purpurroten Blüten. Es sind die süßesten aller Passionsfrüchte.

URSPRUNG UND VERBREITUNG

Wie alle Passionsfrüchte (siehe Maracuja, S. 139; Passionsfrucht, S. 168) kommt auch die Granadilla aus Mittel- und Südamerika; sie gedeiht am besten in Hanglagen über 1000 m und nicht wie andere Sorten in den tropischen Niederungen. Archäologen vermuten, daß es sich bei den Passionsfrüchten um alte Kulturpflanzen der Indianer handelt. Der Name soll von christlichen Mönchen stammen: Staubgefäße und Griffel der Blüten erinnerten sie an die Marterwerkzeuge Christi.

ANBAU UND ANGEBOT

In den Ursprungsgebieten, auch auf Hawaii und in Kenia.

Einkaufstip

Die Verbraucher wollen makellose, glänzend orangefarbene Granadillas mit praller Haut. Doch die Früchte schmecken besser, wenn die Schale schon etwas stumpf ist – eventuell sogar ein paar braunen Flecken aufweist.

IMPORTE ~ Das ganze Jahr über per Luftfracht aus Brasilien und Kolumbien.

FRUCHT

- Eßbar: Fruchtfleisch und Kerne.
- Ungenießbar: Schale und watteartige Innenhaut.
- Geruch und Geschmack: wie Maracuja, fein süß-säuerlich und aromatisch.
- Größe: etwa faustgroß, wie ein mittelgroßer Apfel.
- Form: rund mit deutlichem Stiel.
- Schale: dunkelgelb bis orangefarben, mit hellbraunen Flecken, glatt und wie dünne Pappe.
- Fruchtfleisch: grüngrau mit Kernen wie Stachelbeeren, allerdings wesentlich größer.
- Reife: Die Schale bekommt braune Flecken und bricht beim Eindrücken wie hauchdünnes Porzellan.
- Überreife Früchte: unangenehm säuerlich.
- Unreife Früchte: stabile, gleichmäßig dunkelgelbe Schale; Fruchtfleisch sauer, fast beißend.

VERWENDUNG

- Roh als Obst zum Auslöffeln.
- Für Cremes, Fruchtsaucen oder Drinks.

VORBEREITUNG

- Die Frucht quer halbieren.
- Das Fruchtfleisch samt Kernen aus der Schale löffeln.
- Das Fruchtfleisch aus der Schale lösen, mit dem Pürierstab zerkleinern und durch ein Sieb streichen.

AUFBEWAHRUNG

- Ganze reife Früchte etwa 1 Woche in einem kühlen Raum.
- Nachreife: bei Zimmertemperatur.

Granatapfel

Purpurapfel, Apfel des Paris, Punischer Apfel

Punica granatum

Familie der *Punicaceae* – Granatapfelgewächse

engl: *pomegranate*

franz.: *grenade*

Nährwert (pro 100 g):
75 kcal, 314 kJ;
0,7 g Eiweiß, 0,6 g Fett,
16,7 g Kohlenhydrate

PFLANZE ~ Die besten Granatäpfel kommen aus Ländern mit trockenem heißem Sommer und kühlem Winter; feuchtheißes Klima dagegen vertragen die Pflanzen nicht gut. Die Früchte – botanisch sind es Beeren – wachsen an 2 bis 4 m hohen buschigen Bäumen oder Sträuchern mit glänzenden, dunkelgrünen Blättern und 4 bis 6 cm großen, kräftig orangeroten Blüten.

URSPRUNG UND VERBREITUNG ~ Der Granatapfelbaum stammt aus Persien, wurde bereits in der Antike nach Indien und China gebracht und über den gesamten Mittelmeerraum verbreitet.

ANBAU UND ANGEBOT ~ Granatäpfel werden heute in allen Regionen mit tropischem und gemäßigtem Klima kultiviert. Wegen ihrer festen, bis zu $^1/_2$ cm dicken Schale kann man sie gut transportieren und lagern.

IMPORTE ~ Hauptsächlich von Juli bis Februar aus Spanien, der Türkei, Israel, Iran, Tunesien, Ägypten und Peru.

FRUCHT

- Eßbar: Samen mit dem dünnen Fruchtfleisch, Saft.
- Ungenießbar: ledrige Schale und gelblich-weiße bittere Zwischenhäute der Samenkammern.
- Geruch und Geschmack: frisch und zart nach Rosen, süßsäuerlich wie Johannisbeeren und leicht adstringierend wie Rhabarber.
- Form: rund, dabei leicht kantig; der Blütenkelch sitzt als sechs- bis achteckiges Krönchen auf der Fruchtspitze.
- Gewicht: 300 bis 500 g.
- Schale: fest, gelbgrün bis dunkelviolett.
- Fruchtfleisch: hellrosa bis dunkelrot und sehr saftig; liegt wie eine dünne Haut um jeden einzelnen der zahlreichen kristallhellen Samen, die in den tortenstückartig angeordneten Samenkammern sitzen.
- Reife: Die Schale ist dunkelrot bis violett, glänzend und leicht rissig.
- Überlagerte Früchte: Schale stumpf und ledrig, das Fruchtfleisch hart und trocken.
- Unreife Früchte: Schale glatt, gelblich-rot; Kerne adstringierend mit bitterem Beigeschmack.

Tip für die Küche

Granatäpfel zum Auslöffeln nicht in den Schalenhälften servieren, denn Saftspritzer verursachen auf Kleidung, Servietten und Tischdecken sehr hartnäckige braune Flecken.

VERWENDUNG

- Roh als Obst zum Auslöffeln.
- Für süße und herzhafte Salate.
- Saft für Salatdressings, Grillmarinaden, Sorbets oder Drinks.

VORBEREITUNG

- Die Frucht wie eine Orange quer zu den Samenkammern halbieren und über einer Schüssel ausdrücken; den Rest der Kerne mit einer Gabel oder Messerspitze herausholen.
- Kerne und Saft auf Portionstellern servieren.
- Kerne und Saft in ein Sieb über einer Schüssel geben und mit einem Löffelrücken ausdrücken.

AUFBEWAHRUNG

- Ganze reife Frucht im Gemüsefach des Kühlschranks bis zu 2 Monate; Granatäpfel benötigen Feuchtigkeit. Aufgeschnittene Früchte sollte man innerhalb eines Tages verbrauchen, weil das Innere rasch austrocknet.
- Nachreife: bei Zimmertemperatur, doch nicht zu trocken.

HISTORISCHES ~ Granatapfelschale wird seit der Antike zum Färben von Leder verwendet; noch heute gewinnt man daraus einen rotbraunen oder zitronengelben Pflanzenfarbstoff für Orientteppiche.

Grapefruit

Citrus paradisi

Familie der *Rutaceae* – Rautengewächse

engl.: *grapefruit, shaddock*

franz.: *pomélo*

Nährwert (pro 100 g):
41 kcal, 171 kJ; 0,6 g Eiweiß, 0,2 g Fett, 9,3 g Kohlenhydrate

PFLANZE ~ Grapefruits sind botanisch wie alle Zitrusfrüchte Beeren, wachsen in Büscheln am Baum und erinnern an mächtige Weintrauben. Aus dem englischen „grape" für „Traube" kommt deshalb auch ihr Name.

URSPRUNG UND VERBREITUNG
Die beliebte Frühstücksfrucht der Amerikaner gibt es seit gut 200 Jahren. Sie entstand in der Karibik vermutlich durch natürliche Kreuzung aus Pampelmuse und Orange. Erstmals erwähnt wurde sie auf Barbados (1750) und Jamaica (1789), wo Anfang des 19. Jahrhunderts auch die Bezeichnung „Grapefruit" auftaucht. Franzosen führen sie etwa zur selben Zeit in Florida ein; ihr kommerzieller Anbau in den USA begann um 1880.

ANBAU UND ANGEBOT ~ Heute wachsen Grapefruits überall dort, wo auch andere Zitrusfrüchte kultiviert werden; etwa 60% der Weltproduktion bestreiten die US-Staaten Florida, Kalifornien, Texas und Arizona. Importe kommen das ganze Jahr über aus den USA, Israel, Spanien, Türkei, Zypern, Südamerika und Ländern im südlichen Afrika.

Einkaufstip

Rote Bäckchen, rötliche oder braune Flecken auf der Schale sind typisch für rotfleischige Sorten.

FRUCHT

- Eßbar: Fruchtfleisch.
- Ungenießbar: Schale.
- Geruch: säuerlich, nach Zitrusschalen.
- Geschmack: säuerlich-süß mit herb-bitterem Aroma.
- Größe: 10 bis 15 cm Durchmesser.
- Form: rund.
- Schale: je nach Sorte hellgelb bis rötlich-gelb; mitteldick, fest, feinporig und glatt.
- Fruchtfleisch: je nach Sorte gelb oder rosa, kernlos oder arm an Kernen; sehr saftig.
- Reife: Die Früchte liegen angenehm weich in der Hand.
- Überreife Früchte: beginnen zu faulen.
- Unreife Früchte: hart; sehr sauer und faserig.

VERWENDUNG

- Roh als Obst zum Auslöffeln, für süße Gerichte und herzhafte Salate.
- Gedünstet als Kompott zu Eis oder Crêpes.
- Geschmort in Currygerichten mit hellem Fleisch.
- Eingekocht mit Orangen als Konfitüre.
- Ausgepreßt für Getränke.

VORBEREITUNG

- Fruchtfleisch in Segmente teilen und aus den Häutchen lösen. Für Grapefruits gibt es Spezialmesser mit gebogener und gezähnter Spitze.
- Die Früchte quer halbieren, Fruchtfleisch entlang der Segmente einschneiden und rundherum am Rand von der Schale lösen.
- Wie eine Orange schälen und das Fruchtfleisch in Scheiben oder Stücke schneiden.

AUFBEWAHRUNG

- Reife Früchte etwa 14 Tage bei Zimmertemperatur.
- Nachreife: wie alle Zitrusfrüchte reifen Grapefruits nicht nach.

SORTEN/ARTEN, DIE MAN LEICHT BEKOMMT

White Marsh

Herkunft: Florida, Zypern, Türkei, südliches Afrika und Südafrika, Argentinien, Uruguay.
Größe: mittel bis groß.
Form: rund.
Schale: glatt und dünn, gelb.
Fruchtfleisch: blaßgelb.
Merkmale: kernlose Grapefruit.
Angebot: ganzjährig.
Besonderheit: ideal zum Auslöffeln und Auspressen.

Star Ruby (Foto rechts)

Herkunft: Kalifornien, Texas, Mexiko, Honduras, Argentinien, Uruguay, südliches Afrika.
Größe: klein bis mittelgroß.
Form: rundlich.
Schale: glatt, rötlich-gelb.
Fruchtfleisch: tiefrot, sehr saftig, mild und aromatisch.
Merkmale: kernlose Sorte.
Angebot: ganzjährig.
Besonderheit: Rote Grapefruits aus Honduras sind sehr saftig und aromatisch.

Sweetie

Citrus maxima (syn. *Citrus grandis*) x *Citrus paradisi*
Herkunft: Israel.
Größe: mittelgroß.
Form: rundlich-oval.
Schale: dick, glatt, grün mit gelben Flecken.
Fruchtfleisch: rötlich-gelb, süß-aromatisch und fest; mit großem Hohlraum in der Mitte.
Merkmale: Wegen ihrer dicken Schale und der festen Häutchen um die Fruchtsegmente bleibt die Sweetie lange saftig.
Angebot: September bis Mai.
Besonderheit: Kreuzung zwischen Pampelmuse und Grapefruit.

Guave

Psidium guajava

Familie der *Myrtaceae* – Myrtengewächse

engl.: *guava*

franz.: *goyava*

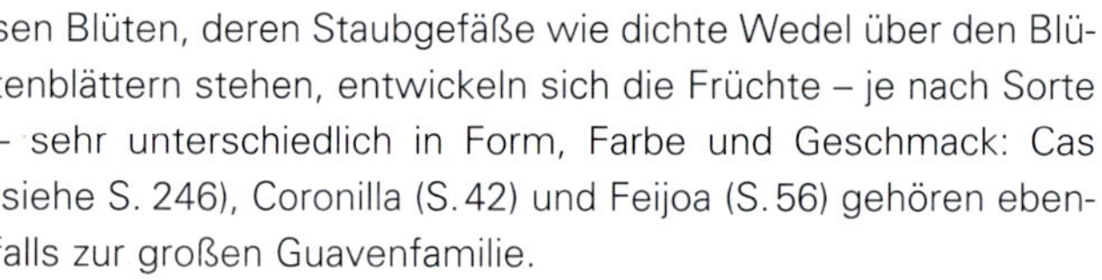

Nährwert (pro 100 g):
34 kcal, 146 kJ;
0,9 g Eiweiß, 0,5 g Fett,
5,8 g Kohlenhydrate

PFLANZE ~ Die ursprünglich 3 bis 10 m hohen, stark verzweigten Bäume werden in Plantagen niedrig wie Sträucher gehalten. Aus ihren kleinen weissen Blüten, deren Staubgefäße wie dichte Wedel über den Blütenblättern stehen, entwickeln sich die Früchte – je nach Sorte – sehr unterschiedlich in Form, Farbe und Geschmack: Cas (siehe S. 246), Coronilla (S. 42) und Feijoa (S. 56) gehören ebenfalls zur großen Guavenfamilie.

URSPRUNG UND VERBREITUNG ~ Guaven stammen aus einer Region, die sich als breiter Gürtel von Mexiko über die Westindischen Inseln bis nach Brasilien zieht. Offenbar werden sie schon sehr lange kultiviert: Der Spanier Fernandez de Oviedo berichtet 1526 in seiner Naturgeschichte von züchterisch veredelten Sorten, die die Indios pflanzten. Spanier brachten die Pflanzen auf die Philippinen, die Portugiesen führten sie in Indien ein. Die erste kommerzielle Guavenplantage wurde 1912 in Florida angelegt.

ANBAU ~ Guaven wachsen heute in allen Ländern der Tropen und Subtropen, wo man große und kleine, süße, saure, kernlose und kernarme Sorten kultiviert.

Einkaufstip

Die Früchte werden noch grün verladen und reifen sehr schnell nach. Deshalb ist Flugware am besten. Probieren Sie nicht nur die großen Exemplare aus den Plantagen; kleinere Sorten von halbwilden Bäumen – ähnlich wie Obstbäume in Hausgärten – werden ebenfalls exportiert. Man bekommt sie am besten bei Exotenfachhändlern und in Asienläden.

IMPORTE ~ Ganzjährig aus Kolumbien und Brasilien, weißfleischige Guaven im Herbst aus Israel, rotfleischige vorwiegend aus Südafrika. Weitere Lieferanten sind Thailand, Indien und Pakistan.

FRUCHT

- Eßbar: Frucht und Kerne.
- Besser entfernen: Schale.
- Geruch: arttypisch und sehr intensiv; reife Guaven riecht man meterweit.
- Geschmack: süß-säuerlich, wie eine Mischung aus Birne, Quitte und Feige.
- Größe und Form: birnen- oder apfelförmig.
- Schale: hell- und dunkelgrün, gelb und grüngelb.
- Fruchtfleisch: weiß, gelb, grüngelb oder leuchtend rosa; bei wildwachsenden Guaven durch Steinzellen oft körnig wie bei manchen Birnen, bei Guaven aus Kultur ist das Fruchtfleisch glatt.
- Reife: intensiver Duft, die Schale gibt auf leichten Druck nach; grünschalige Sorten sind bei Reife gelb.
- Überreife Früchte: unangenehm weich und ekelhaft säuerlich.
- Unreife Früchte: hart und ohne Duft.

Tip

Rote Guaven eignen sich besonders gut für Gelee – als Brotaufstrich und schnittfest erstarrt als Konfekt. Weiße Guaven ißt man am besten roh.

Tips für die Küche

• Aufgeschnittene Früchte verfärben sich rasch, deshalb mit Zitrussaft beträufeln.

• Guaven eignen sich gut für Kompotte, Konfitüren oder Gelees mit anderen Früchten, weil sie beim Garen leicht gelieren.

VERWENDUNG

- Roh als Obst.
- Für süße und herzhafte Salate.
- Püriert für süße Suppen, Fruchtsaucen, Cremes oder Drinks.
- Gedünstet als Kompott.
- Eingekocht für Konfitüren und Gelees.

VORBEREITUNG ~ Die Früchte waschen und schälen oder zum Auslöffeln halbieren.

AUFBEWAHRUNG

- Getrennt von Obst und anderen Lebensmitteln.
- Reife Früchte maximal 2 Tage im Kühlschrank.
- Nachreife: bei Zimmertemperatur.

Jackfrucht

Jaca-Baum

Artocarpus heterophyllus

Familie der *Moraceae* – Maulbeerbaumgewächse

engl.: *jackfruit, nangka*

franz.: *fruit de Jacques, Jacquier*

Nährwert (pro 100 g):
67 kcal, 280 kJ;
1,1 g Eiweiß, 0,5 g Fett,
14,6 g Kohlenhydrate

PFLANZE ~ Der immergrüne Baum wird 10 bis 25 m hoch. Seine Früchte gehören zu den größten, die auf der Erde vorkommen: Sie können ein Gewicht von bis zu 50 kg, eine Breite von 30 cm und eine Länge von 1 m erreichen.

URSPRUNG UND VERBREITUNG ~ Der Jackfruchtbaum stammt aus Indien und Sri Lanka. Vom indischen Subkontinent brachten arabische Seeleute die Pflanzen nach Ostafrika. Die Portugiesen ließen Jackfruchtbäume bereits im 16. Jahrhundert in Brasilien und der Karibik pflanzen, Spanier verbreiteten sie auf den Philippinen.

ANBAU ~ Heute wächst die Jackfrucht überall in den Tropen. Kultiviert wird sie in Südostasien, Afrika, Jamaika und Südamerika, wo sie teilweise als Grundnahrungsmittel dient.

IMPORTE ~ Aus Malaysia, Thailand und Brasilien.

FRUCHT

● Eßbar: etwa $^1/_3$ der gesamten Frucht: das Fruchtfleisch der taubeneigroßen Einzelfrüchte und die stärkehaltigen braunen Samen.

Einkaufstip

Die Früchte werden entweder ganz oder portionsweise in Asienläden und Exoten-Fachgeschäften angeboten. Dort können Sie sicher sein, eine süße, saftige Frucht zu erhalten, und meist wird man Ihnen auch zeigen, wie man sie vorbereitet.

- Ungenießbar: Schale der ganzen Frucht, die gelatineartige Haut um die Einzelfrüchte.
- Geruch: unangenehm nach Capronsäure, einem Milchfett wie Buttersäure, das wie ranziges Fett riecht.
- Geschmack: roh wie Feigen mit leichtem Honig- oder Karamelaroma; gekocht ähnlich wie Fleisch, die gekochten oder gerösteten Samen wie Maronen.
- Form: rundlich oder wie eine längliche, mächtige Melone.
- Schale: hart, hellgelb bis grün, ganz mit etwa 0,5 cm dicken „Noppen" bedeckt.
- Fruchtfleisch: goldgelb; weich, süß und saftig.
- Reife: Schale gelbgrün bis braun.
- Überreife Früchte: Fruchtfleisch braun und matschig.
- Unreife Früchte: Schale grün, Frucht hart, Fruchtfleisch gelb und trocken.

VERWENDUNG

- Roh als Obst.
- Für süße und herzhafte Salate.
- Roh gemischt mit Vanilleeis oder Pudding.
- Geschmort mit Geflügel und Fleisch.
- Eingekocht als Konfekt wie Durian.
- Samen geröstet und in Öl gebacken wie Salzmandeln.

VORBEREITUNG

- Die Frucht mit einem scharfen Messer halbieren oder auseinanderbrechen.
- Die Einzelfrüchte herauslösen und die Samen herauspulen.
- Die gelatineartige Haut um die Samen abziehen.
- Die Samen in Salzwasser kochen, abgießen und gut abspülen. In Eintöpfen schmoren, wie Maronen rösten oder gemahlen zum Backen verwenden.

AUFBEWAHRUNG

- Ganze reife Früchte etwa 3 Tage bei Zimmertemperatur.
- Aufgeschnittene reife Früchte maximal 1 Tag in einem kühlen Raum.
- Nachreife: bei Zimmertemperatur. Besser ist es jedoch, die Früchte reif zu kaufen.

Tips für die Küche

• Zum Vorbereiten der Jackfrucht die Hände kräftig einölen, denn das Fruchtfleisch ist klebrig wie Kaugummi. Vermeiden Sie deshalb auch jeden Kontakt mit der Kleidung.

• Unreife Jackfrucht kocht man in Salzwasser und schmort sie dann mit Kokosmilch und Gewürzen.

• Das braune Kochwasser der unreifen Früchte und Samen weggießen, Fruchtfleisch und Samen gut abspülen.

Javaapfel

Rosenapfel, Wasserapfel

Syzygium javanicum

Familie der *Myrtaceae* – Myrtengewächse

engl.: *java apple, rose apple, wax apple*

franz.: *pomme de rose*

Nährwert (pro 100 g):
32 kcal, 135 kJ; 0,6 g Eiweiß,
0,3 g Fett, 6,8 g Kohlenhydrate

PFLANZE ~ Der Baum gehört zur selben Familie wie die Guaven und ist eng mit dem Gewürznelkenbaum verwandt. Doch während bei der Nelke die geschlossene Blütenknospe verwendet wird, sind es beim Javaapfel die Früchte.

URSPRUNG UND VERBREITUNG ~ Die Pflanzen stammen ursprünglich aus Malaysia.

ANBAU ~ Die Bäume werden heute in Thailand, Malaysia, Indonesien, in der Karibik und in Südamerika kultiviert.

IMPORTE ~ Unregelmäßig; man muß die Früchte in der Regel bei Fachhändlern vorbestellen.

FRUCHT

- Eßbar: Fruchtfleisch.
- Ungenießbar: Samen.
- Geruch und Geschmack: erfrischend wie grüne Äpfel.
- Größe und Form: wie eine kleine Birne.
- Schale: grünlich weiß wie eine spitze Paprikaschote, blaß hellrot oder bonbonrot; glänzend.

- Fruchtfleisch: knackig, saftig, erfrischend und säuerlich.
- Reife: Die Frucht ist groß, glatt und glänzend, das Fleisch sehr saftig.
- Überreife Früchte: braune Flecken, faulen.
- Unreife Früchte: klein, schmecken nur nach Wasser.

VERWENDUNG

- Roh als Obst.
- Für süße und herzhafte Salate.
- Mit scharfer Sauce als Imbiß (siehe Rezept S. 240).

VORBEREITUNG ~ Schälen und zerkleinern wie Äpfel oder Birnen.

AUFBEWAHRUNG

- Ganze reife Früchte etwa 4 Tage bei Zimmertemperatur.
- Javaäpfel reifen nicht nach.

Tip

Während der Regenzeit geerntete Früchte schmecken wäßrig.

Johannisbrot

Karube, Carobe, Bockshörndl

Ceratonia siliqua

Familie der *Leguminosae* – Schmetterlingsblütler

engl.: *carob*

franz.: *caroube*

Nährwert (pro 100 g):
Keine Angaben verfügbar.

PFLANZE ~ Die immergrünen, über 10 m hohen Bäume tragen büschelweise gelbgrüne, bohnenartige Schoten. Diese länglichen Hülsen werden im September unreif von den Bäumen geschlagen, an der Sonne oder in Spezialöfen getrocknet und als Johannisbrot verkauft.

URSPRUNG UND VERBREITUNG ~ Der Johannisbrotbaum, der aus dem südlichen Mittelmeerraum und Arabien stammt, gehört zu den ältesten Kulturpflanzen. Seine Bezeichnung nach Johannes dem Täufer geht auf das 14. Jahrhundert zurück, als man begann, seine ledrigen Früchte mit der kargen Kost zu verbinden, die der Bußprediger während seiner 40 Tage in der Wüste zu sich genommen haben soll. Inzwischen hatten sich die Bäume im gesamten Mittelmeerraum verbreitet, und ihre Schoten wurden als Viehfutter verwendet oder galten als nahrhaftes Lebensmittel für Arme.

ANBAU ~ Heute wird Johannisbrot überall dort angebaut, wo auch Zitrusfrüchte wachsen: von der Iberischen Halbinsel bis Kleinasien.

ANGEBOT ~ Johannisbrot kommt in Form ganzer Schoten, das süße Mark verarbeitet als Pulver und Alternative zu Kakao in den Handel. Daneben werden feine schokoladenartige Produkte aus diesem „Carob" angeboten. Die Samen werden ebenfalls fein gemahlen; in der Vollwert- und vegetarischen

Einkaufstip

Zum Rohessen gibt es dicke, fleischige und saftige Sorten wie PUGLIESER HONIG-KAROBBE, MELAS oder MASSA. Bei den dünnen, eher trockenen Sorten klappern die Samenkerne, wenn man die Schoten schüttelt.

Küche verwendet man Johannisbrotkernmehl als Ersatz für Gelatine zum Andicken. Sie erhalten diese Produkte in Naturkostläden und Reformhäusern.

IMPORTE ~ Das ganze Jahr über aus Spanien, Italien (Apulien und Sizilien), Nordafrika, Portugal, Zypern und Griechenland.

FRUCHT

- Eßbar: Fruchtmark.
- Ungenießbar: Schale.

- Nur verarbeitet genießbar: Samen.
- Geruch: leicht penetrant und eine Spur ranzig.
- Geschmack: angenehm honigartig, süß.
- Größe: etwa 20 cm lang und 3 cm breit.
- Form: flache Hülsen wie Bohnen, leicht gekrümmt.
- Schale: dunkelbraun, glänzend, lederartig; im Innern aufgeteilt in mindestens 12 gleich große „Kammern".
- Samen: flach, oval, hart und glänzendbraun.
- Fruchtmark: braunrot, klebrig und süß; es liegt mit den Samen in den Kammern.

VERWENDUNG

- Fruchthülsen zum Naschen wie Bonbons.
- Carob-Pulver für Süßspeisen und Gebäck.
- Johannisbrotkernmehl zum Andicken von Saucen, Suppen und Cremes.

VORBEREITUNG

- Die Fruchthülsen waschen und in Stücke teilen; schälen kann man sie nicht.
- Die Stücke kaut man, bis sie nicht mehr süß schmecken. Trockene Haut und Samenkerne ausspucken.
- Carob und Johannisbrotkernmehl verwendet man nach den Angaben auf der Packung.

AUFBEWAHRUNG

- Ganze Hülsen halten sich trocken, kühl und luftig viele Wochen.
- In aufgebrochenen Hülsen trocknet das Mark langsam aus.

HISTORISCHES ~ Die Samen des Johannisbrots wiegen ziemlich einheitlich 0,18 Gramm. Sie dienten Apothekern und Juwelieren als Gewichte, und aus der griechischen Bezeichnung für die Frucht (*kerátion*) entwickelte sich über das Arabische *qirat* das deutsche „Karat" als Maß für die Reinheit von Gold und Edelsteinen. Die ursprüngliche Bedeutung war „Hörnchen", weil die Samen leicht gebogen sind.

Jujube

Chinesische Dattel, Rote Dattel

Ziziphus jujuba

Familie der *Rhamnaceae* – Kreuzdorngewächse

engl.: *jujube, Chinese date*

franz.: *jujube*

Nährwert (pro 100 g):
86 kcal, 362 kJ;
1,2 g Eiweiß, 0,2 g Fett,
20 g Kohlenhydrate

PFLANZE ~ Die Bäume werden bis zu 20 m hoch, tragen etwa pflaumengroße, grün und braun gesprenkelte bis rotbraune Früchte. Die Blätter sind Futter für Seidenraupen.

URSPRUNG UND VERBREITUNG
Die Heimat des Baumes ist ein breiter Gürtel in den gemäßigten Zonen, der sich von Westasien, Syrien, Nordwestindien bis nach Nordchina und Japan zieht. In China wird die Jujube seit mindestens 4000 Jahren auch als Heilpflanze kultiviert. In der Antike brachten sie vermutlich die Römer in den Bereich des Südens und Südostens Europas.

ANBAU ~ Die modernen westeuropäischen Sorten unterscheiden sich in Aussehen und Geschmack von der chinesischen Urform: nur etwa 3 cm groß, grün und olivenförmig.

Einkaufstip

Frische Jujubes schmecken am besten, wenn sie runzelig sind, getrocknete sollten schwer sein.

IMPORTE ~ Von August bis Oktober aus Frankreich und Italien.

FRUCHT

- Eßbar: Fruchtfleisch.
- Ungenießbar: Kern.
- Geruch und Geschmack: sehr süß bis süß-säuerlich, ähnlich wie Datteln.
- Größe und Form: wie eine große Olive.
- Schale: grün oder grün-braun gesprenkelt wie ein Vogelei bis hell rotbraun.
- Fruchtfleisch: grünlich oder gelblich-weiß und leicht mehlig; enthält einen länglichen braunen, sehr harten Kern mit fetthaltigem Samen.
- Reife: Früchte leicht runzelig.
- Überreife Früchte: sehr weich, Schale wird schwarz.
- Unreife Früchte: Fruchtfleisch hart.

VERWENDUNG

- Als rohes Obst wie Trauben.
- Für süße und herzhafte Salate.
- Püriert als süße Suppen, Cremes oder Drinks.
- Gedünstet als Kompott.
- Eingekocht für Konfitüre.
- Getrocknet wie Rosinen oder Datteln.

VORBEREITUNG ~ Früchte waschen und entkernen.

AUFBEWAHRUNG

- Ganze reife Früchte etwa 4 Tage im Kühlschrank.
- Nachreife: bei Zimmertemperatur, bis die Früchte schrumpeln.

Tips für die Küche

- *Getrocknet schmecken die Früchte aromatischer als frisch.*
- *Die verwandte Indische Jujube erkennt man am sauren Fruchtfleisch. Verwendet wird sie wie die Chinesische.*

Kaffir-Limette

Sambal, Jerek purut

Citrus hystrix

Familie der *Rutaceae* – Rautengewächse

engl.: *kaffir lime*

franz.: *kaffir lime*

Nährwert (pro 100 g):
32 kcal, 133 kJ; 5 g Eiweiß, 0,1 g Fett, 1,9 g Kohlenhydrate

PFLANZE ~ Die Beerenfrüchte wachsen wie alle Zitrus-Arten an immergrünen Bäumen mit weißen, duftenden Blüten.

URSPRUNG UND VERBREITUNG ~ Kaffir-Limetten stammen aus Asien, ursprünglich vermutlich von den ostasiatischen Inseln Malaysia, Java, Sumatra und den Philippinen.

ANBAU UND ANGEBOT ~ Kaffir-Limetten und Zitronenblätter kommen aus Thailand und Indonesien.

FRUCHT

- Eßbar: Blätter, Schale und Fruchtfleisch.
- Besser entfernen: bittere Kerne.
- Geruch: Schale zart nach Zitrus, Fruchtfleisch intensiv nach Zitronenöl, sehr aromatisch.
- Geschmack: stark und aromatisch nach Zitrus, nicht so beißend sauer wie Zitrone.

Tips für die Küche

• Kaffir-Limetten sind unbehandelt.

• Frucht, Schale und Blätter gart man mit.

- Größe und Form: von Walnuß- bis kleine Limettengröße.
- Blätter: dunkelgrün, ledrig und hocharomatisch.
- Schale: grün und höckerig; kaum vom Fruchtfleisch zu trennen, hocharomatisch.
- Fruchtfleisch: zitronengelb, sauer und aromatisch.
- Reife: Schale gleichmäßig mittelgrün, Frucht fühlt sich beim Drücken an wie ein Gummiball.
- Überreife Früchte: Schale stumpf, eventuell mit braunen Flecken; Fruchtfleisch ganz trocken.
- Unreife Früchte: bleiben sehr hart, grasgrün und stumpf.

VERWENDUNG ~ Wie Zitronen für Süßes und Herzhaftes.

VORBEREITUNG

- Frucht und Blätter waschen.
- Kaffir-Limette in Scheiben schneiden.
- Schale abschneiden und eventuell fein zerkleinern.
- Zitronenblätter unzerkleinert verwenden oder mit einer Küchenschere in Streifen schneiden.

AUFBEWAHRUNG

- Ganze reife Früchte etwa 8 Tage bei Zimmertemperatur.
- Wie alle Zitrusfrüchte reifen Kaffir-Limetten nicht nach.
- Zitronenblätter kann man trocknen oder einfrieren.

Tip

Für Kaffir-Limetten und würzige Saucen gibt es in Indonesien ein Synonym: Sambal. Denn authentisch gewürzt sind diese scharfen oder milden Mixturen nur mit Schale, Blättern und Saft dieser Zitrusfrucht.

Kaki

Kakiapfel, Kakipflaume, Chinesische Quitte

Diospyros kaki

Familie der *Ebenanceae* – Ebenholzgewächse

engl.: *persimmon*

franz.: *kaki, caqui, apricot du Japon, raquemine*

Nährwert (pro 100 g):
69 kcal, 290 kJ; 0,6 g Eiweiß, 0,3 g Fett, 16 g Kohlenhydrate

PFLANZE ~ Der 4 bis 8 m hohe Baum mit runder Krone verliert im Herbst seine Blätter, während noch Früchte reifen.

URSPRUNG UND VERBREITUNG ~ Die Kaki stammt aus Ostasien, ist in Nordchina, Südkorea und Japan eine der ältesten Kulturpflanzen. Dort kommen auch noch wilde Bäume vor; ihre Früchte schmecken bitter.

ANBAU ~ Heute werden Kakis in Plantagen überall in den Subtropen angebaut und das ganze Jahr über aus verschiedenen Ländern geliefert. Allerdings überwiegen auf dem Markt zunehmend die „pflegeleichten" Sharonfrüchte (siehe S. 198), so daß die Kaki zur seltenen Exotin werden könnte.

IMPORTE ~ Im September und Oktober aus Italien, Spanien und Frankreich, von Februar bis April aus Brasilien, von April bis Juni aus Chile und Neuseeland, von Mai bis Juli aus Peru, von September bis Dezember aus Kalifornien und Florida.

Einkaufstip

Reife Kakis muß man transportieren wie rohe Eier: Die Früchte sind äußerst druckempfindlich, und die Haut kann nach Anritzen mit dem Fingernagel platzen.

FRUCHT

- Eßbar: Fruchtfleisch und Kerne.
- Besser entfernen: Haut.
- Geruch: neutral.
- Geschmack: nach Pfirsich und Aprikose mit leichtem Hauch von Vanille.
- Größe und Form: wie eine große Tomate, am Stielansatz vier breite, kräftige dunkelgrüne Kelchblätter.
- Schale: von goldgelb über orangerot bis tomatenrot; glatt und dünn wie bei Tomaten.
- Fruchtfleisch: in Fächer unterteilt mit etwa 8 eßbaren Kernen; orangerot bis dunkelrot; süß, geleeartig weich.
- Reife: Haut gelborange, eventuell am Kelch noch mit grünem Schimmer; Fruchtfleisch glasig durchscheinend, süß, weich und saftig.
- Überreife Früchte: matschig.

● Unreife Früchte: Haut mit grünlichem Schimmer; Frucht hart, Fruchtfleisch ohne Transparenz, adstringierend wie roher Rhabarber und mit bitterem Nachgeschmack.

VERWENDUNG ~ Roh als Obst.

VORBEREITUNG ~ Früchte waschen, Kelchblätter entfernen, Haut abziehen.

AUFBEWAHRUNG

● Reife Früchte maximal 2 Tage im Kühlschrank.
● Mit der Haut, aber ohne Kelchblätter einfrieren.
● Nachreife: bei Zimmertemperatur 2 bis 3 Tage.

HISTORISCHES ~ Der deutsche Arzt Engelbert Kämpfer (1651–1716), der als Forschungsreisender auch Japan besuchte, beschrieb als erster den faszinierenden Anblick des kahlen Baums in verschwenderischer Fruchtfülle – er wirke wie eine Krinoline, über und über mit niedlichen Tomaten besteckt.

Tips für die Küche

- ***Kaki schmecken roh am besten – mit etwas Zitrussaft, Orangen- oder Aprikosenlikör, eventuell auch mit Schlagsahne und/oder Eis.***
- ***Am besten kann man sie mit Kuchengabel und Löffel essen.***

Kaktusfeige

Kaktusfrucht, Kaktusbirne, Stachelfeige, Distelfeige

Opuntia ficus-indica

Familie der *Cactaceae* – Kakteengewächse

engl.: *Indian fig, prickly pear, tuna*

franz.: *figue d'Inde*

Nährwert (pro 100 g):
36 kcal, 151 kJ; 1 g Eiweiß, 0,4 g Fett, 7,1 g Kohlenhydrate

PFLANZE ~ Als Kakten gedeihen die 3 bis 4 m hohen Opuntien in Trockengebieten und stellen seit Jahrtausenden eine wichtige Nahrungsquelle für Mensch und Tier dar. Die Pflanzen laufen in 20 cm breiten und bis zu 40 cm langen Stengelgliedern aus, den „Ohren", an deren Spitze Beerenfrüchte sitzen – pro Kaktus etwa 100 bis 200.

URSPRUNG UND VERBREITUNG ~ Feigenkakteen stammen aus Mexiko; Sorten mit wenigen oder gar keinen Stacheln wurden vermutlich schon von den Azteken gezüchtet. Franziskanermönche brachten sie 1769 nach Kalifornien. Höchst stachelige Sorten hingegen wurden von spanischen Seeleuten schon früher exportiert und sind vor allem in Südafrika, Indien und Australien zur Plage geworden.

Einkaufstip

Kaktusfeigen als Flugware zu verschicken, ist ökonomische und ökologische Verschwendung. Die Früchte können nach der Ernte einige Wochen nachreifen und deshalb ohne Qualitätsverlust per Schiff transportiert werden.

ANBAU ~ Wilde und kultivierte Feigenkakteen wachsen überall in den Tropen und Subtropen. Das größte Anbauland ist Mexiko mit etwa 3 Millionen Tonnen pro Jahr.

IMPORTE ~ Von Juli bis Oktober hauptsächlich aus Tunesien, von Juli bis Dezember aus Italien und der Türkei, im November und Dezember aus Spanien, von November bis April aus Peru. Israel deckt den Bedarf im August. Das ganze Jahr über liefern Brasilien und Kolumbien.

FRUCHT

- Eßbar: Fruchtfleisch und Samen.
- Ungenießbar: Schale.
- Geruch: neutral.
- Geschmack: erfrischend und fein säuerlich.
- Größe und Form: 5 bis 10 cm lang, oval mit deutlich abgesetzter Spitze.
- Schale: nicht besonders dick; je nach Sorte zuerst grün, dann rötlich, lachsfarben, gelb gefleckt.
- Fruchtfleisch: blaßgrün, gelb, orange oder rot, gleichmäßig durchsetzt mit kleinen schwarzen Samen; Konsistenz etwa wie mehlige Birne, trotzdem saftig.
- Reife: Die Schale wird bunt – gelb mit roten Flecken.
- Überreife Früchte: Schale bräunlich, Früchte unangenehm weich, Fleisch glasig.
- Unreife Früchte: Schale grün.

VERWENDUNG

- Roh als Obst.
- Für süße und herzhafte Salate.
- Eingekocht für Konfitüren und Chutneys.

Tips für die Küche

Stachelige Kaktusfeigen mit Küchenhandschuhen vorbereiten und schälen. Auf den „Warzen" der Frucht stehen feine Stachelbüschelchen mit Widerhaken, die sich in der Haut festsetzen und Entzündungen hervorrufen können.

VORBEREITUNG

- Die längs halbierte Frucht mit einer Gabel festhalten: Fruchtfleisch mit Löffel oder Kartoffelausstecher herausholen.
- Beide Spitzen kappen, Schale längs einschneiden, an einem Ende festhalten und die Feige auf der Arbeitsfläche mit dem Messer aus der Schale streifen.

AUFBEWAHRUNG

- Reife Früchte etwa 2 Tage bei Zimmertemperatur.
- Nachreife: bei Zimmertemperatur.

ACHTUNG ~ Kaktusfeigen wirken abführend.

Karambole

Sternfrucht, Baumstachelbeere

Averrhoa carambola

Familie der *Oxalidaceae* – Sauerkleegewächse

engl.: *carambola, starfruit*

franz.: *carambole, pomme de Goa*

Nährwert (pro 100 g): 23 kcal, 98 kJ; 1,2 g Eiweiß, 0,5 g Fett, 3,5 g Kohlenhydrate

PFLANZE ~ Karambolen sind eng verwandt mit Bilimbis (siehe S. 246), gehören zur selben Familie wie Sauerklee und Sauerampfer, wachsen aber zu etwa 10 m hohen Bäumen heran. Aus den dichten Rispen mit rosa bis purpurfarbenen Blüten bilden sich dicke Früchtebüschel.

URSPRUNG UND VERBREITUNG ~ Karambolen stammen aus den Tropen Südostasiens, besonders Malaysia, und sind inzwischen in allen tropischen Ländern heimisch.

ANBAU ~ In Malaysia, Brasilien, Sri Lanka, Thailand, China, Hawaii, Florida, Israel und der Karibik.

IMPORTE ~ Das ganze Jahr über aus Brasilien. Weitere Exportländer sind Thailand, Israel und Malaysia.

FRUCHT

- Eßbar: gesamte Frucht.
- Geruch: neutral bis fruchtig.
- Geschmack: süß-säuerlich.
- Größe und Form: bis 12 cm lang, oval mit fünf Längsrippen.

- Schale: grünlich-gelb bis sattgelb und glänzend.
- Fruchtfleisch: gelb mit kleinen Kernchen wie bei Birnen, durchscheinend und saftig.
- Reife: Schale bernsteinfarben mit braunen Spitzen und Punkten auf der Schale; Fruchtfleisch saftig, erfrischend und knackig.
- Überreife Früchte: große braune Flecken auf der Schale.
- Unreife Früchte: Schale grünlich oder grüngelb, Fruchtfleisch sauer und ohne Aroma.

VERWENDUNG

- Roh als Obst.
- Als Tortenbelag und zur Dekoration.
- Für süße und herzhafte Salate.
- Für Bowle und Longdrinks.
- Gedünstet als Kompott.
- Eingekocht für Konfitüre.

VORBEREITUNG

- Die Früchte waschen und aufschneiden.
- Quer geschnitten bilden Karambolen dekorative Sternchen.

AUFBEWAHRUNG

- Reife Früchte etwa 3 Tage bei Zimmertemperatur.
- Nachreife: bei Zimmertemperatur.

ACHTUNG ~ Nieren-, Herz- und Rheumakranke sollten wegen des hohen Gehalts an Oxalsäure keine unreifen Karambolen essen.

Kiwano

Hornmelone, Geleemelone, Afrikanische Horngurke

Cucumis metuliferus

Familie der *Cucurbitaceae* – Kürbisgewächse

engl.: *kiwano, horned melon, jelly melon*

franz.: *kiwano*

Nährwert (pro 100 g):
24 kcal, 100 kJ; 0,9 g Eiweiß,
0,9 g Fett, 3,4 g Kohlenhydrate

PFLANZE ~ Die Pflanzen sehen ähnlich aus wie ihre Verwandten, die Gurken und Melonen: kriechend oder kletternd, mit rauhen, behaarten Stengeln und großen Blättern.

URSPRUNG UND VERBREITUNG
Kiwanos stammen aus der Kalahariwüste und sind die größten wild wachsenden Gurken, die im tropischen Afrika vorkommen.

ANBAU ~ Vor allem in Neuseeland, Italien, Kenia und Israel.

IMPORTE ~ Von Juli bis Oktober aus Israel, von Oktober bis Februar aus Neuseeland.

FRUCHT

- Eßbar: Fruchtfleisch und Samen.
- Ungenießbar: Schale.
- Geruch: neutral.
- Geschmack: säuerlich und erfrischend, wie zerdrückte Banane mit Orangensaft.
- Größe und Form: etwa 15 cm lang, oval.
- Schale: dick, weich, mit fleischigen Stacheln besetzt.
- Fruchtfleisch: dunkelgrün und gallertartig wie Götterspeise, mit Samenkernen wie eine Gurke.

Tips für die Küche

• Kiwanos nicht im Kühlschrank aufbewahren.
• Zum Auslöffeln halbiert man die Früchte quer, zum Aushöhlen für Desserts und Salat schneidet man sie der Länge nach auseinander.
• Die Früchte brauchen etwas Zucker und harmonieren gut mit Zitrussaft, Weinbrand, Whisky oder Anisschnaps.

- Reife: Schale leuchtend orangegelb; Fruchtfleisch dunkelgrün und angenehm weich.
- Überreife Früchte: unangenehm weich; Fruchtfleisch riecht vergoren und schmeckt ekelhaft säuerlich.
- Unreife Früchte: Schale grün oder gelb.

VERWENDUNG

- Roh als Obst.
- Für süße und herzhafte Salate.
- Als Sauce zu Desserts und Eis.
- Als Salatdressing und Sauce zu Fisch und Fleisch.

VORBEREITUNG

- Die Frucht halbieren und das Fruchtfleisch auslöffeln.
- Fruchtfleisch mit einem Löffel aus der Schale lösen und zerdrücken.
- Salate in den Schalen anrichten.

AUFBEWAHRUNG

- Reife Früchte 4 bis 5 Tage bei Zimmertemperatur.
- Nachreife: bei Zimmertemperatur.

Kiwi

Actinidia chinensis

Familie der *Actinidiaceae* – Strahlengriffelgewächse

engl.: *kiwi*

franz.: *kiwi*

Nährwert (pro 100 g):
51 kcal, 213 kJ; 1 g Eiweiß,
0,6 g Fett, 10,3 g Kohlenhydrate

PFLANZE ~ Kiwis sind Kletterpflanzen, die sich bis zu 8 m hoch ranken und eigroße, behaarte Früchte tragen. Als Zierpflanzen findet man sie auch in unseren Breiten: Mit Blättern, die denen des Haselnußstrauchs ähneln, und großen weißen bis zartgelben Blüten, die einen dicken Kranz goldfarbener Staubgefäße tragen, bilden sie ein dekoratives Pergola-Dach. Damit sie auch gute Früchte tragen, brauchen sie Sonne, Wärme und vor allem Windschutz.

URSPRUNG UND VERBREITUNG ~ Kiwis stammen aus China; sie sollen Durststiller der Affen in den Tälern des Yangtse gewesen sein – daher der Name „Affenpfirsich". Der Neuseeländer James McGregor brachte um 1906 die Samen aus China nach Neuseeland. Alexander Allison zog dort die ersten Pflanzen und konnte im Jahre 1910 die erste Ernte einbringen. Und aus der chinesischen „Yang-tao" war die Kiwi geworden – benannt nach einem Tier, das nur in Neuseeland lebt: einem hühnergroßen Laufvogel mit rundlichem Körper und braunem Gefieder. Der neuseeländische Kiwi-Export begann nach dem Zweiten Weltkrieg.

ANBAU ~ Außer Neuseeland bauen auch Italien, Frankreich, Griechenland, Spanien, Kalifornien, Chile und Israel Kiwi an.

Einkaufstip

Kiwis als Flugware gibt es gewöhnlich nicht: Es wäre ökonomische und ökologische Verschwendung. Die Früchte werden immer hart gepflückt, halten sich gekühlt etwa neun Monate und reifen bei Zimmertemperatur nach. Deshalb kann man sie ohne Qualitätsverlust per Schiff transportieren.

IMPORTE ~ Das ganze Jahr über.

FRUCHT

- Eßbar: Fruchtfleisch.
- Ungenießbar: Schale.
- Geruch und Geschmack: frisch, süß mit feiner Säure, an Stachelbeeren und Erdbeeren erinnernd.
- Form: rund-oval.
- Gewicht: etwa 100 g.
- Schale: dunkelbraun, rauh, behaart.
- Fruchtfleisch: smaragdgrün mit hellem Strunk (Columella) in der Mitte und sternförmig angeordneten schwarzen Samenkernen.
- Reife: Die Schale gibt rundum auf leichten Druck nach und läßt sich von den Früchten abziehen wie die Schale von Pellkartoffeln.
- Überreife Früchte: unangenehm weich, Schale beginnt zu schrumpeln.
- Unreife Früchte: hart.

VERWENDUNG

- Roh als Obst zum Auslöffeln.
- Für süße und herzhafte Salate.
- Püriert für süße Suppen, Cremes oder Drinks.
- Gedünstet als Kompott.
- Eingekocht für Konfitüren.

VORBEREITUNG

- Früchte waschen und halbieren oder ganz lassen und schälen.
- Aus den Schalen löffeln.
- In Scheiben oder Würfel schneiden.

AUFBEWAHRUNG

- Reife Früchte im Kühlschrank etwa 2 Wochen, bei Zimmertemperatur etwa 4 Tage.
- Zum schnellen Nachreifen die Kiwis zusammen mit Äpfeln oder Bananen in eine Papiertüte legen: Diese Früchte sondern das Reifegas Ethylen ab (siehe S. 247).

Tips für die Küche

- *Achtung beim Vorbereiten: Manchmal tragen Kiwis noch ein stacheliges Dornenkrönchen am Blütenansatz.*
- *Das Eiweiß-Enzym Actinidin in rohen Kiwis macht Milchprodukte bitter. Obstsalate, die Kiwis enthalten, deshalb ohne Joghurt oder Sahne anrichten.*
- *Kiwis, die man für Torten mit Quark, Sahne oder Frischkäse verwenden möchte, schälen, mit kochendem Wasser übergießen und kurz ziehen lassen.*
- *Actinidin verhindert auch das Festwerden von Gelatine. Kiwi-Creme oder Gelee deshalb mit pflanzlichem Agar-Agar oder Pektin zubereiten.*

Cocos nucifera

Familie der *Palmae* – Palmengewächse

engl.: *coconut*

franz.: *noix de coco*

Nährwert (pro 100 g):
376 kcal, 1574 kJ; 3,9 g Eiweiß, 3,9 g Fett, 4,8 g Kohlenhydrate

PFLANZE ~ Die knapp 30 m hohen Palmen mit einer Krone aus gefiederten Blättern von 3 bis 4,5 m Länge tragen nach etwa 7 Jahren zum ersten Mal. Die Nüsse – botanisch gesehen Steinfrüchte wie Pfirsich oder Pflaumen – brauchen etwa 400 Tage von der Blüte zur Reife. Das äußere Fruchtfleisch wird nicht gegessen; kulinarisch wichtig ist der „Stein", also die Nuß, mit dem Fleisch und dem Kokoswasser.

URSPRUNG UND VERBREITUNG ~ Den genauen Ursprung der Kokospalme kennt man nicht. In Frage kommen Melanesien, die weit verstreuten Inseln östlich der Philippinen, sowie Polynesien, die Inselgruppe nordöstlich von Neuseeland. Andere nehmen an, daß sie von den Pazifikküsten der Neuen Welt stammen. Sicher ist, daß die ersten Europäer in Amerika Kokospalmen nur an der Pazifik-, nicht an der Atlantikküste vorfanden. Erwiesen ist auch, daß die Pflanzen sich durch selbständiges „Inselhüpfen" verbreitet haben: Kokonüsse können Tausende von Kilometern schwimmen und behalten dabei etwa 3 Monate lang ihre Keimfähigkeit.

ANBAU ~ Heute wachsen Kokospalmen in den Regionen um den Äquator zwischen nördlichem und südlichem Wendekreis. Die meisten Plantagen findet man im tropischen Tiefland und in der Nähe des Meeres, doch es gibt auch Pflanzungen in 1600 m Höhe sowie im afrikanischen Binnenland.

IMPORTE ~ Das ganze Jahr über vor allem aus der Dominikanischen Republik, Honduras und Costa Rica. Weitere Exportländer sind Kenia, Tansania, Mozambique, die Elfenbeinküste, Ghana, Sri Lanka und Brasilien. Im Juli und August ist das Angebot gering.

FRUCHT

- Eßbar: Fruchtfleisch und Kokoswasser.
- Ungenießbar: Schale.
- Besser entfernen: braune Haut um das weiße Fleisch.
- Geruch: fruchtig und leicht erdig.
- Geschmack: ein wenig nach Milch, etwas nach Nüssen, mit dem typischen Kokosaroma.
- Größe: etwa 12 cm Durchmesser.
- Form: rund, durch den „Bart" um die Keimporen scheinbar spitz zulaufend.
- Schale: hart wie Holz, mit drei „Augen", den Keimporen, am oberen Ende.
- Fruchtfleisch: etwa 1 cm dick unter der Schale, weiß mit brauner, geäderter Haut; saftig.
- Reife: die Nuß gluckert beim Schütteln, das Fruchtfleisch ist knackig und feucht.
- Überreife Früchte: Das Kokoswasser verdunstet, das Fruchtfleisch schmeckt fade und seifig.

Einkaufstip

Kaufen Sie Nüsse, die beim Schütteln deutlich gluckern. Denn nur wenn sie frisch sind, enthalten sie viel milchige Flüssigkeit. Bei längerem Lagern verdunstet dieses Kokoswasser durch die poröse Schale. Die Keimporen am oberen Ende sollten noch durch die braunen Bastfasern geschützt sein.

Tips für die Küche

• Kokoswasser, die milchige, erfrischend süß-säuerliche Flüssigkeit in der Kokosnuß, kann man trinken oder wie Kokosmilch als Schmorsud für Currygerichte oder Chutneys verwenden.

• Für Kokosspäne ein Stück Kokosfleisch mit dem Sparschäler aufschneiden.

• Für Kokosraspel die Stücke auf der Rohkostreibe zerkleinern.

• Blitzhacker oder Mixer eignen sich nur zur Herstellung von Kokosmilch, aber nicht zum Reiben des Fruchtfleisches.

• Spezialreiben für Kokosfleisch erhalten Sie in Asien- und Philippinenläden.

VERWENDUNG

- Roh zum Knabbern wie Nüsse.
- Geraspelt für süße und herzhafte Salate.
- Gerieben zum Backen.
- Roh oder geröstet als Beilage zu Currygerichten.
- Mit Wasser oder Milch püriert und wieder ausgedrückt als Kokosmilch zum Kochen und Schmoren für Currygerichte und Süßes.

VORBEREITUNG

- Die Keimlöcher der Nuß mit Hammer und Nagel erweitern, das Kokoswasser in eine Schüssel fließen lassen. Die Nuß auf den Backofenrost legen und etwa 10 Minuten in den auf 200 °C (Gas Stufe 4) vorgeheizten Ofen schieben, bis die Schale aufreißt. Die Nuß auf einen festen Untergrund legen und die Schale mit dem Hammer zerschlagen. Die braune Haut löst sich dabei zum großen Teil mit ab. Den Rest der Haut mit einem Sparschäler entfernen.
- Fruchtfleisch zerkleinern.
- Kokosmilch zubereiten (siehe Rezept S. 240).

AUFBEWAHRUNG ~ Etwa 1 Monat in einem kühlen, nicht zu trockenen Raum.

KURIOSES ~ Es soll Kokosnüsse mit „Perlen" geben: Sie entstehen, wenn durch Zufall alle Keimporen fest verschlossen bleiben, d.h. nicht wie gewöhnlich eines der „Augen" so durchlässig ist, daß der Keim nach außen treiben kann. Bei „blinden" Augen aber soll sich im Inneren der Nuß ein Kügelchen bilden, geformt wie eine Perle und hart wie Glas. Die „Kokos-Perlen" sind angeblich höchst selten und viel wertvoller als die Perlen der Austern. Selbst seriöse Wissenschaftler können nicht entscheiden, ob die Geschichte wahr oder ein Scherz ist.

SORTEN, DIE MAN LEICHT BEKOMMT

King Coconut (Foto unten)

Herkunft: vor allem Sri Lanka.
Größe und Gewicht: etwa 1 kg.
Form: wie eine normale Kokosnuß, aber ohne Fasern und Keimporen.
Schale: gelb, glatt wie eine Melone.
Fruchtfleisch: weiß, millimeterdünn.
Merkmale: enthält etwa $^1/_2$ Liter Kokoswasser, aber kaum Fruchtfleisch.

Angebot: unregelmäßig, nur bei Exoten-Händlern und in Asienläden.

Besonderheit: King Coconuts werden nicht gegessen, sondern ausgetrunken. Denn anders als die „normale" ausgewachsene oder junge Kokosnuß bildet sie kaum Fruchtfleisch, dafür reichlich erfrischendes, süß-aromatisches Kokoswasser. Dank seines sterilen „Behälters" spielt dieses Wasser sogar in der Medizin eine Rolle: Falls andere Präparate nicht verfügbar sind, nutzt man es als Infusionsflüssigkeit.

Trinkkokosnuß (Foto unten)

Herkunft: Thailand.

Größe und Gewicht: etwa 1 kg.

Form: behauen, etwa wie ein Blumentopf.

Schale: äußere bereits entfernt, sichtbar ist nur die innere weiße Schale, die bei der ausgewachsenen Nuß braun und hart wie Holz wird.

Fruchtfleisch: weißlich, transparent und weich.

Merkmale: Es sind junge Kokosnüsse, die außer reichlich Kokoswasser zum Trinken auch das Fleisch der jungen Kokosnuß enthalten, das man z. B. für Salate verwendet (siehe Rezept S. 236).

Angebot: unregelmäßig; nur bei Exoten-Händlern und in Asienläden.

Kumquat

Zwergorange

Fortunella margarita und ***Fortunella japonica***

Familie der *Rutaceae* – Rautengewächse

engl.: *kumquat*

franz.: *kumquat*

Nährwert (pro 100 g):
74 kcal, 309 kJ;
0,7 g Eiweiß, 0,3 g Fett,
17,1 g Kohlenhydrate

PFLANZE ~ Die dicht verzweigten, bis 1,5 m hohen Sträucher mit schmalen, glänzend dunkelgrünen Blättern unterscheiden sich von den anderen Zitrusfrüchten: Ihre weißen, duftenden Blüten mit wachsartigen Blättern öffnen sich, wenn die Früchte bereits reifen.

URSPRUNG UND VERBREITUNG ~ Kumquats stammen aus den Bergwäldern Südchinas, wo die Bäume vor allem als Zierpflanzen beliebt sind. Zur Entstehung gibt es folgende Theorien: Entweder wurden sie vor Jahrhunderten aus einer Zitrusart mit großen Früchten als dekorative Zwergorangen gezüchtet, oder sie sind eine eigene Gattung und nur entfernt mit den anderen Zitrusfrüchten verwandt. Eine wilde Kumquat mit dornigen Zweigen erwähnt ein chinesischer Autor bereits im Jahre 1178. Die lateinische Bezeichnung „Fortunella" leitet sich von dem britischen Botaniker Robert Fortune ab, der die kleinen Orangen 1846 nach England brachte. Der Name „Kumquat" dagegen stammt aus dem Kantonesischen.

ANBAU UND ANGEBOT ~ Kumquats werden heute in allen Ländern angebaut, die auch andere Zitrusfrüchte kultivieren.

Einkaufstip

Nehmen Sie feste, glänzende Früchte; weiche Kumquats können bereits verdorben sein.

IMPORTE ~ Israel, Italien und Korsika von Dezember bis Februar, Brasilien von Oktober bis Februar, Mexiko, USA und Marokko von Februar bis April, Südafrika ab Anfang Juli.

FRUCHT

- Eßbar: die ganze Frucht mit der Schale.
- Manchmal störend: sehr große, bittere Kerne.
- Geruch und Geschmack: wie eine Orange, süß und aromatisch, etwas bitter.
- Größe: zwischen Dattel- und Pflaumengröße, 2,5 bis 4 cm.
- Form: oval (*Fortunella magarita*) oder rundlich (*Fortunella japonica*).
- Schale: goldgelb bis orange, dünn, glatt und angenehm süßlich-bitter.
- Fruchtfleisch: drei bis fünf Segmente mit jeweils ein oder zwei Samen; süß-säuerlich wie eine höchst aromatische Orange.

Tips für die Küche

- ***Kumquats sind immer unbehandelt, so daß man sie mitsamt der Schale essen kann.***
- ***Kumquats zum Rohessen und Zubereiten leicht zwischen den Handflächen rollen; das ätherische Öl verteilt sich dann gleichmäßig in der Schale und verleiht ihnen noch mehr Aroma.***
- ***Die Schale wird durch kurzes Blanchieren weicher: Dazu die Früchte für etwa 20 Sekunden in sprudelnd kochendes Wasser geben, abgießen und kalt abspülen.***
- ***In Scheiben geschnitten und kurz erhitzt, schmecken Kumquats gut zu Saucen für Fisch, Ente, Kalb und Wild.***

Tip

Eiförmige, etwa dattelgroße Kumquats schmecken aromatischer als die dicken runden.

- Reife Früchte: gleichmäßig orangerot gefärbt und angenehm süß.
- Überreife Früchte: weich, mit Faulstellen wie Orangen.
- Unreife Früchte: hart, Schale grünlich, Früchte sauer.

VERWENDUNG

- Roh als Obst.
- Für süße und herzhafte Salate.
- Gedünstet als Kompott.
- Eingekocht für Konfitüre.

VORBEREITUNG ~ Die Früchte waschen.

AUFBEWAHRUNG

- Reife Früchte etwa 5 Tage bei Zimmertemperatur, etwa 3 Wochen im Kühlschrank.
- Wie alle Zitrusfrüchte reifen Kumquats nicht nach.

ACHTUNG ~ Wer auf Zitrusschalen allergisch reagiert, sollte Kumquats nicht essen.

Langsat

Lansibaum, Duku

Lansium domesticum

Familie der *Meliaceae* – Zedrachgewächse

engl.: *langsat, duku*

franz.: *langsat, duku*

Nährwert (pro 100 g):
Keine Angaben verfügbar.

PFLANZE ~ Die wilde kleine Langsat ist durch Züchtung zur Duku mit größeren Früchten geworden. Die bis zu 20 m hohen Lansi-Bäume tragen an größeren Ästen kleine, süß duftende Blüten in dichten Trauben, aus denen sich Beerenfrüchte entwickeln: Langsats sind etwa 2 cm groß, Duku erreichen etwa die doppelte Größe.

URSPRUNG UND VERBREITUNG

Der Baum ist in den südostasiatischen Ländern Burma, Thailand, Malaysia und auf den Philippinen heimisch.

ANBAU ~ Lansi-Bäume baut man heute auch in Indien und auf Sri Lanka an, denn Langsats zählen zu den besten und begehrtesten Früchten in Südostasien. Die großfruchtige Duku und die säuerliche Langsep werden auf Java kultiviert.

IMPORTE ~ Unregelmäßig aus den Ursprungsländern.

FRUCHT

- Eßbar: Fruchtfleisch und kleine Kerne.
- Ungenießbar: Schale und bittere Kerne.
- Geruch: ungeschält neutral, geschält nach Trauben.

Einkaufstip

Die Früchte werden in Thai-Läden als „Lasa", in Geschäften für indonesische Lebensmittel als „Duku" und in Philippinenläden als „Lanzon" verkauft.

- Geschmack: süß-säuerlich, wie Weintrauben.
- Größe und Form: 2 bis 4 cm, oval, oft mit Stiel oder wie Weintrauben miteinander verbunden.
- Schale: graugelb, hellbraun bis strohgelb und samtartig; fest und weich wie Leder.
- Fruchtfleisch: weiß, in 4 bis 5 Segmente unterteilt, von dünnen Häutchen umgeben; lassen sich leicht voneinander lösen; in der Konsistenz wie Weintrauben, saftig und erfrischend.
- Samen: Die Fruchtsegmente enthalten kleine, weiche oder große, harte Samen; manche Samen schmecken bitter.
- Reife: Die Früchte sind weich und duften nach Weintrauben.
- Überreife Früchte: sehr weich; Schale rundum braun; beim Pellen tritt Saft aus; Geruch intensiv fruchtig mit einem Hauch von Aceton (wie Nagellackentferner).
- Unreife Früchte: hart und bitter.

VERWENDUNG ~ Roh als Obst.

VORBEREITUNG

- Die Frucht waschen und in ihrer Schale portionsweise anrichten.
- Die äußere Schale wie bei einer Mandarine abziehen und auch das Häutchen entfernen. Kerne im Mund lösen.

AUFBEWAHRUNG ~ Reife Früchte maximal 3 Tage bei Zimmertemperatur.

ACHTUNG ~ Langsats können den Magen reizen.

Tip

Langsatsaft ist sehr klebrig. Wie beim Artischockenessen ein Schälchen mit Wasser bereitstellen, damit man sich die Finger reinigen kann.

Limequat

Zwergzitrone

Fortunella margrita* x *Citrus aurantiifolia

Familie der *Rutaceae* – Rautengewächse

engl.: *limequat*

franz.: *limequat*

Nährwert (pro 100 g):
74 kcal, 309 kJ; 0,7 g Eiweiß,
0,3 g Fett, 17,1 g Kohlenhydrate

PFLANZE ~ Wie bei allen Zitrusarten sind es immergrüne Bäume der Tropen und Subtropen. Aus ihren weißen, duftenden Blüten entwickeln sich kleine Beerenfrüchte – zusammen mit Kumquats die einzigen Zitrusfrüchte, die man wie Obst mitsamt der Schale essen kann. Limequats vertragen mehr Kälte als Limetten.

URSPRUNG UND VERBREITUNG ~ Limequats sind eine Kreuzung aus kälteempfindlicher Limette (siehe S. 107) und robuster Kumquat (siehe S. 99), die der amerikanische Botaniker Walter Tennyson Swingle 1909 züchtete.

IMPORTE ~ Limequats kommen von November bis Dezember aus Israel, von Juni bis Juli aus Italien, außerdem per Luftfracht aus den USA und Südafrika.

FRUCHT

- Eßbar: die ganze Frucht mit der Schale.
- Manchmal störend: sehr große, bittere Kerne.
- Geruch und Geschmack: wie eine Orange, süß und aromatisch.
- Größe: etwa wie eine Pflaume.
- Form: eiförmig.
- Schale: grün bis gelb; dünn, glatt und angenehm süßlich-bitter.

Einkaufstip

Wählen Sie feste, glänzende Früchte; weiche Limequats können bereits verdorben sein.

- Fruchtfleisch: Segmente mit jeweils ein oder zwei Samen; sehr saftig und herbsäuerlich.
- Reife: Früchte gleichmäßig gefärbt.
- Überreife Früchte: weich.
- Unreife Früchte: hart, Früchte beißend sauer.

VERWENDUNG

- Roh als Obst.
- Für süße und herzhafte Salate.
- Gedünstet als Kompott.
- Eingekocht für Konfitüre.

VORBEREITUNG ~ Die Früchte waschen.

AUFBEWAHRUNG

- Reife Früchte etwa 5 Tage bei Zimmertemperatur, etwa 3 Wochen im Kühlschrank.
- Wie alle Zitrusfrüchte reifen Limequats nicht nach.

ACHTUNG ~ Wer auf Zitrusschalen allergisch reagiert, sollte Limequats nicht essen.

Tips für die Küche

• Limequats sind unbehandelt, so daß man sie mit der Schale essen kann.

• Limequats zum Rohessen und Zubereiten leicht zwischen den Handflächen rollen; das ätherische Öl verteilt sich dann gleichmäßig in der Schale und verleiht ihnen noch mehr Aroma.

• Die Schale wird durch kurzes Blanchieren weicher: dafür die Früchte für etwa 20 Sekunden in sprudelnd kochendes Wasser geben, abgießen und kalt abspülen.

• In Scheiben geschnitten und kurz erhitzt, schmecken Limequats gut zu Saucen für Fisch, Ente, Kalb und Wild.

Limette

Lime, Limone

Citrus aurantiifolia

Familie der *Rutaceae* – Rautengewächse

engl: *lime, sour lime*

franz.: *limonette, limon vert, limon acide*

Nährwert (pro 100 g):
32 kcal, 133 kJ; 0,5 g Eiweiß, 0,1 g Fett, 1,9 g Kohlenhydrate

PFLANZE ~ Limetten wachsen an kräftigen, immergrünen Bäumen, die oft mit scharfen Dornen besetzt, stark verzweigt und reich an Laub sind. Neben der Hauptblüte zweimal im Jahr blühen die Pflanzen kontinuierlich weiter, allerdings weniger intensiv. Deshalb kann man ihre Früchte das ganze Jahr über ernten.

URSPRUNG UND VERBREITUNG ~ Limetten, die kälteempfindlichsten unter allen Zitrusfrüchten, stammen aus den Regionen entlang des malayischen Archipels und brauchen feuchttropisches Klima. Ihre Kerne sind vermutlich von spanischen Seeleuten als Samen nach Mexiko und Westindien gebracht worden.

ANBAU ~ Diese Zitrusfrüchte werden in Asien, Brasilien, Mexiko, Kalifornien, Südflorida, der Karibik, den tropischen Teilen Südamerikas, in Israel, Ägypten und anderen afrikanischen Ländern angebaut.

IMPORTE ~ Das ganze Jahr über aus Brasilien und Israel.

Einkaufstip

Nehmen Sie feste, glänzende und schwere Früchte. Einige bräunliche Flecken auf der Schale schaden dem Aroma nicht. Doch Limetten mit gelben Flecken können bitter sein, eingesunkene dunkle Flecken auf der Schale sind Zeichen von falscher Lagerung.

FRUCHT

- Eßbar: Fruchtfleisch und Schale.
- Ungenießbar: Kerne.
- Geruch: erfrischend wie eine Zitrone.
- Geschmack: zitronenähnlich, doch etwas säuerlicher und sehr aromatisch.
- Größe: je nach Sorte von Taubenei bis Golfball.
- Form: rundlich ohne vorgezogene Warze am Ende.
- Schale: grün bis grüngelb; dünn, glatt und angenehm süßlich-bitter.
- Fruchtfleisch: hellgrün bis gelbgrün; etwa doppelt so saftig wie eine Zitrone, herb-säuerlich.
- Reife: Früchte gleichmäßig hellgrün gefärbt mit leichtem Gelbschimmer, glänzend.
- Überreife Früchte: intensiv gelb, schrumpelig oder stumpf, Fruchtfleisch bitter.
- Unreife Früchte: Schale dunkelgrün wie Avocado, stumpf; Fruchtfleisch grün bis grünweiß und beißend sauer.

VERWENDUNG ~ Fruchtfleisch, Schale und Saft wie bei Zitronen (siehe S. 215).

VORBEREITUNG

- Die Früchte waschen und abtrocknen.
- Die Schale dünn abreiben oder abschneiden und zerkleinern.
- Den Saft auspressen.
- Limetten in Scheiben geschnitten verwenden.

Tip

Limetten nicht quer aufschneiden wie Zitronen, sondern längs, dann ist die Saftausbeute viel größer.

AUFBEWAHRUNG

- Reife Früchte etwa 5 Tage bei Zimmertemperatur, etwa 10 Tage im Kühlschrank.
- Direkte Sonneneinstrahlung färbt sie gelb und mindert die charakteristische Säure.
- Saft einfrieren.
- Schale abreiben und mit Zucker vermischt in einem Schraubglas aufbewahren.
- Wie alle Zitrusfrüchte reifen Limetten nicht nach.

Tips für die Küche

• Limettenschalen kann man mitverwenden, weil die Früchte unbehandelt sind.

• Selbst Experten können einer Limette nicht mit Sicherheit ansehen, ob sie saftig ist. Dunkelgrüne und harte Früchte allerdings sind immer trocken. Wenn Sie für ein Gericht viel Limettensaft brauchen, kaufen Sie lieber noch ein oder zwei Früchte als Reserve.

Litschi

Litschipflaume, Chinesische Haselnuß

Litchi chinensis

Familie der *Sapindaceae* – Seifenbaumgewächse

engl.: *lychee, lichi, litchee*

franz.: *litchi, cerise de la Chine*

Nährwert (pro 100 g):
74 kcal, 311 kJ;
0,9 g Eiweiß, 0,3 gFett,
17 g Kohlenhydrate

PFLANZE ~ Die Litschi ist mit Rambutan (siehe S. 183) und Longan (siehe S. 114) verwandt. Die immergrünen Bäume werden 10 bis 12 m hoch und tragen „Schließfrüchte" wie Nüsse. Sie bilden sich aus den Blütenrispen und wachsen wie Trauben in Büscheln mit etwa 30 Früchten.

URSPRUNG UND VERBREITUNG ~ Litschis stammen aus Südchina und sollen bereits seit 3000 Jahren in Ostasien kultiviert werden. Da sich die Früchte erst sehr spät über Asien hinaus verbreiteten, kannten sie die meisten Europäer nur aus der Dose. Erst vor etwa 25 Jahren begann man auch auf anderen Kontinenten mit dem Litschi-Anbau.

ANBAU ~ Heute werden Litschis in zahlreichen subtropischen Ländern kultiviert: neben China auch in Indien, Japan, auf den Hawaii-Inseln, den Inseln Madagaskar und Réunion, in Südafrika, Kenia, Brasilien, Australien und Florida. Litschis reifen nicht nach; sie werden reif geerntet und per Luftfracht versandt. Sie müssen luftig in Holzkisten transportiert werden; in geschlossenen Pappkartons können sie schimmeln.

IMPORTE ~ Im Oktober von Mauritius, November und Dezember von Madagaskar. Von November bis Februar aus Südafrika, März bis Mai aus Thailand, September bis November aus Israel.

FRUCHT

- Eßbar: Fruchtfleisch.
- Ungenießbar: Schale und Samen.
- Geruch: wie Rosen.
- Geschmack: mild, süß mit leichter Säure.
- Größe: wie ein kleiner Kiefernzapfen; 2,5 bis 4 cm lang.
- Form: oval bis rund.
- Schale: zart, aber hart; kirschrot bis rotbraun; dicht besetzt mit winzigen, stumpfen Stacheln.
- Fruchtfleisch: wie Perlmutt milchig-weiß, sehr saftig; umgibt einen etwa 2 cm großen, sehr harten Samen.
- Reife: Schale gleichmäßig rot gefärbt.
- Überreife Früchte: die Schale verfärbt sich dunkel, fast schwarzbraun, die Früchte beginnen zu gären.
- Unreife Früchte: sauer und ohne Aroma.

VERWENDUNG

- Roh als Obst.
- Für süße und herzhafte Salate.
- Heiß in Chinagerichten mit Geflügel.
- Eingelegt in Bowle.

Tips für die Küche

• Litschis über einer Schüssel vorbereiten, damit der Saft nicht verlorengeht.

• Für warme Gerichte die Früchte nur kurz erhitzen; beim längeren Kochen werden sie zäh.

VORBEREITUNG

- Den Stiel abziehen, Schale mit Messerspitze einritzen, die Frucht wie ein Ei pellen.
- Die ganze Frucht in den Mund stecken; der Kern löst sich leicht.
- Frucht aufschneiden und vom Kern lösen.

AUFBEWAHRUNG

- Reife Früchte etwa 3 bis 4 Tage in einem kühlen Raum.
- Nachreife: Litschis reifen nicht nach.

Loganbeere und Boysenbeere

Rubus loganobaccus

Familie der *Rosaceae* – Rosengewächse

engl.: *loganberry*

franz.: *logan*

Nährwert (pro 100 g):
18 kcal, 75 kJ; 1,1 g Eiweiß, Fett: in Spuren, 3,4 g Kohlenhydrate

PFLANZEN ~ Loganbeeren sind eine Kreuzung aus Himbeere und Brombeere. Die Pflanzen sehen aus wie die rankenden, dornigen Brombeeren, die man im Wald findet. Sie wurden vermutlich 1881 in Kalifornien gezogen: Ihr „Vater", J. H. Logan, war offenbar kein professioneller Züchter, sondern Richter von Beruf und Gärtner aus Passion. Boysenbeeren, eine Keuzung der Logans mit Himbeere und der pazifischen Brombeere, wurden in den zwanziger Jahren erstmals in Kalifornien vorgestellt und 1937 in Neuseeland eingeführt. Es sind robuste Beeren für die Industrie, deren gleichbleibendem Aroma auch Einfrieren und Tiefkühlen nichts anhaben kann.

URSPRUNG UND VERBREITUNG ~ Die Beeren wachsen an der Westküste der USA und in Neuseeland. Dort sind sie beliebtes Frischobst.

IMPORTE ~ Loganbeeren werden von November bis März aus Neuseeland importiert, Boysenbeeren bekommen Sie vor allem in Fruchtjoghurts, als Tiefkühlware, Püree und Saft.

FRÜCHTE

- Eßbar: gesamte Frucht.
- Geruch und Geschmack: Loganbeeren süß-säuerlich, Boysenbeeren mehr säuerlich und würzig.
- Größe und Form: Loganbeeren wie 5 cm große, längliche Himbeeren; Boysenbeeren wie etwa 3 cm große Brombeeren.
- Fruchtfleisch: bei beiden Beerensorten saftig, weich und aromatisch; Loganbeeren sind rot, Boysenbeeren purpurschwarz.
- Reife: Die Früchte sind weich und süß mit feiner Säure.
- Überreife Früchte: matschig.
- Unreife Früchte: hart und sauer.

VERWENDUNG

- Roh als Obst.
- Für Desserts, süße und herzhafte Salate.
- Für Tortenbelag und Bowle.
- Gedünstet als Kompott.
- Eingekocht für Saft, Gelee und Konfitüre.

VORBEREITUNG ~ Wie andere Beerenarten vorsichtig waschen und verlesen (siehe unten).

AUFBEWAHRUNG ~ Reife Früchte etwa 1 Tag im Kühlschrank.

Tips für die Küche

• Beide Beerensorten haben einen tiefen Kelch, in dem sich Insekten verbergen können. Deshalb gut verlesen.

• Die Beeren sind sehr empfindlich, und Waschen macht sie schnell matschig. Falls nötig, in einer großen Schüssel mit kaltem Wasser vorsichtig bewegen und gleich wieder abtropfen lassen.

Longan

Longane, Longanpflaume, Drachenauge

Dimocarpus longan

Familie der *Sapindaceae* – Seifenbaumgewächse

engl.: *longan, longyen, dragon's Eye*

franz.: *œil de dragon, litchi ponceau*

Nährwert (pro 100 g):
65 kcal, 272 kJ; 1,3 g Eiweiß, 0,1 g Fett, 15 g Kohlenhydrate

PFLANZE ~ Die Verwandten der Litschi (siehe S. 110) können eine Höhe bis zu 20 m erreichen und werden als immergrüne Obst- und Zierbäume kultiviert. Die Früchte bilden sich in Büscheln wie Weintrauben.

URSPRUNG UND VERBREITUNG
Die Pflanze stammt aus Asien, vom Südosten Indiens bis zum Süden Chinas. Heute wächst sie überall in den tropischen und subtropischen Klimazonen Asiens und Amerikas.

IMPORTE ~ Per Luftfracht von Juni bis September aus Südchina, Taiwan, Thailand, Vietnam und Indien.

Einkaufstip

Die Größe der Früchte spielt keine Rolle; kleine Exemplare enthalten im Verhältnis zum Kern oft sogar mehr Fruchtfleisch.

Tips für die Küche

• Longans über einer Schüssel vorbereiten, um den Saft aufzufangen.

• Kühl schmecken die Früchte am besten.

• Zitrussaft hebt das Aroma.

FRUCHT

- Eßbar: Fruchtfleisch.
- Ungenießbar: Schale und Kerne.
- Geruch: angenehm fruchtig und erfrischend.
- Geschmack: süß, mit wenig Säure; nicht adstringierend wie die Litschi.
- Größe und Form: wie mittelgroße Trauben mit ebenso deutlichem Stielansatz.
- Schale: glatt und etwa so hart wie die von Weintrauben, gelb mit zimtbraunen Flecken, die an die Schuppen auf einem Pilzhut erinnern; läßt sich leicht ablösen, weil sie nicht mit dem Fruchtfleisch verbunden ist.
- Fruchtfleisch: weiß und durchscheinend; umhüllt einen glatten rötlichbraunen Kern, der sich leicht löst.
- Reife: Die Früchte sind gleichmäßig gefärbt und weich, doch fest.
- Überreife Früchte: größere braune und eventuell feuchte Flecken auf der Schale.
- Unreife Früchte: hart.

VERWENDUNG

- Roh als Obst.
- Für süße und herzhafte Salate.

VORBEREITUNG

- Die Früchte waschen, mit einem kleinen Messer einritzen und die Schalen abziehen.
- Auf Portionstellern mit Zitrussaft mischen und wie Kirschen essen; die Kerne lösen sich im Mund ganz leicht ab.
- Fruchtfleisch einritzen und den Kern herauslösen.

AUFBEWAHRUNG

- Da sie viel empfindlicher sind als Litschis, darf man sie nicht übereinanderlegen.
- Reife Früchte maximal 3 Tage im Kühlschrank.
- Nachreife: bei Zimmertemperatur.

Tip

Longans enthalten viel Saft, Fruchtzucker, Vitamin C und sogar eine größere Portion Eiweiß. Im Sommer kann man sie gut als leichten Reiseproviant auf eine längere Autofahrt mitnehmen: Die Früchte nur von der Schale befreien, mit Zitronensaft mischen und in einem fest verschließbaren Gefäß in der Kühltasche aufbewahren. Zum Essen ein Löffelchen einpacken, denn aufgrund ihres hohen Zuckergehalts sind Longans sehr klebrig.

Nispero, Japanische Mispel, Wollmispel, Nespoli, Nispola

Eriobotyra japonica

Familie der *Rosaceae* – Rosengewächse

engl.: *loquat, Japanese medlar, Japanese plum*

franz.: *nèfle du Japon*

Nährwert (pro 100 g):
51 kcal, 215 kJ; 0,4 g Eiweiß, 0,2 g Fett, 12 g Kohlenhydrate

PFLANZE ~ Diese Pflanzenfamilie bringt so Unterschiedliches hervor wie Rosen und Brombeeren, Äpfel und Kirschen. Loquats wachsen an bis zu 8 m hohen Bäumen mit buschigen Zweigen und derben, glänzend immergrünen Blättern. Ihre jungen Triebe sind silbrig und wie mit Wolle behaart – daher auch der Name „Wollmispel". In den mediterranen Anbauländern bilden sich im Oktober weiße Blüten, aus denen sich bis zum Frühjahr 3 bis 8 cm lange Früchte mit braunen, bohnengroßen Samen entwickeln, die wie Apfelkerne in der Frucht liegen. Die großen Früchte sind Ergebnis geschickter Züchtung, die „Ur-Loquats" waren klein wie Stachelbeeren.

URSPRUNG UND VERBREITUNG ~ Loquat stammt aus Japan und China. Die Europäer lernten sie spätestens durch die Reisen von Kapitän Cook gegen Ende des 18. Jahrhunderts kennen. Seitdem sind sie auch ohne Früchte beliebte Wintergarten- und Kübelpflanzen. Als Obstbaum kultiviert werden Loquats heute in allen warm-gemäßigten Klimazonen.

ANBAU ~ Die Früchte werden in China, Japan, Nord- und Südamerika, Israel und im Mittelmeeraum kultiviert.

IMPORTE ~ Von April bis Juni aus Italien, Spanien, Israel und der Türkei, von August bis Oktober aus Brasilien, von September bis November aus Chile.

FRUCHT

- Eßbar: Fruchtfleisch.
- Ungenießbar: Schale und Kerne.
- Geruch: nach Apfel.
- Geschmack: angenehm süß-säuerlich, erinnert an Aprikose und Pflaume.
- Form und Größe: je nach Sorte eiförmig, rundllich wie ein Apfel oder länglich wie eine Birne; 3 bis 8 cm lang.
- Schale: hellgelb bis tieforange, mehr oder weniger behaart, dünn und zäh, reich an Gerbstoffen.
- Fruchtfleisch: creme-, lachs- oder aprikosenfarben, saftig, fest und erfrischend; enthält 3 bis 4 harte Kerne.
- Reife: Die Schale wird dunkel, die Frucht wird weich.
- Überreife Früchte: Schimmelspuren an Fruchtspitze und Stielansatz.
- Unreife Früchte: hart, unangenehm sauer und adstringierend wie roher Rhabarber.

Einkaufstip

Nehmen Sie möglichst große und reife Früchte, eventuell mit ein paar dunklen Flecken auf der Schale. Kleine Loquats haben mehr Kerne als Fruchtfleisch, äußerlich völlig makellose können noch unreif sein.

Tips für die Küche

• Die Zugabe von etwas Zitrussaft und/oder Dünsten verstärkt das Aroma.

• In China sind Loquats zu Geflügel beliebt.

VERWENDUNG

- Roh als Obst.
- Für süße und herzhafte Salate.
- Gedünstet als Kompott und Tortenfüllung.
- Eingekocht für Konfitüre.

VORBEREITUNG

- Die Früchte waschen und schälen.
- Wie einen Apfel essen; die Kerne lösen sich im Mund leicht vom Fruchtfleisch.
- In Scheiben oder Würfel schneiden.

AUFBEWAHRUNG

- Reife Früchte verderben rasch und sollten innerhalb von 2 Tagen verbraucht werden.
- Nachreife: bei Zimmertemperatur auf einer weichen Unterlage.

Lulo

Quito-Orange

Solanum quitoense

Familie der *Solanaceae* – Nachtschattengewächse

engl.: *naranjilla*

franz.: *morelle de Quito*

Nährwert (pro 100 g):
Keine Angaben verfügbar.

PFLANZE ~ Die stark verzweigten Sträucher werden bis zu 2 m hoch und sind ganz mit samtigen Haaren überzogen. Auffallend sind die bis zu 40 cm langen, eiförmigen Blätter und die Blütenknospen, die ein dickes, wolliges Haarkleid tragen.

URSPRUNG UND VERBREITUNG ~ „Lulo" und „Quito" sind Begriffe aus der Sprache der Indios; Quito ist die Hauptstadt Ecuadors. Lulos wurden schon immer von den Bewohnern der Anden zur Zubereitung von Erfrischungsgetränken verwendet.

ANBAU ~ Schöne große Früchte bilden sich nur in tropischen Hochlagen von 1000 bis 2000 m mit gleichmäßigen Niederschlägen und wenig Sonne. Die südamerikanischen Länder Peru, Bolivien, Ecuador, Kolumbien, Costa Rica und Venezuela bauen die Früchte gewerbsmäßig an.

IMPORTE ~ Unregelmäßig aus Südamerika.

FRUCHT

- Eßbar: Fruchtfleisch und Samen.
- Ungenießbar: Schale.

Einkaufstip

Bei Exotenhändlern und in Geschäften für lateinamerikanische Lebensmittel bekommen Sie die Früchte auf Bestellung.

- Geruch und Geschmack: süß wie Cherimoya (siehe S. 38), säuerlich wie Ananas.
- Größe und Form: wie eine kleine Tomate, am Stielende ebenso abgeflacht.
- Schale: grünlich-gelb bis orangerot, mit filzigen Härchen überzogen, die sich leicht abreiben lassen.
- Fruchtfleisch: grün und in vier Segmente aufgeteilt wie eine Tomate mit ebenso kleinen Samen, etwas schleimig, sehr saftig und aromatisch.
- Reife: weich wie eine vollreife Tomate.
- Überreife Früchte: unangenehm weich und matschig, bräunlich verfärbt.
- Unreife Früchte: hart.

VERWENDUNG

- Roh als Obst.
- Püriert für Cremes, Eis, süße Drinks und Sorbets.
- Eingekocht als Konfitüre.
- Kurz erhitzt in Suppen und Saucen.

VORBEREITUNG

- Wie Tomaten rasch überbrühen und abziehen.
- Früchte mit Obstbesteck auf Desserttellern anrichten.
- Pürieren oder in Stückchen schneiden.

AUFBEWAHRUNG

- Ganze reife Früchte etwa 4 Tage in einem kühlen Raum.
- Nachreife: wie Tomaten in einem warmen Raum.

Tips für die Küche

- ***Vor dem Überbrühen die Härchen mit einem Küchentuch abreiben.***
- ***Aufgeschnittene und pürierte Lulos verfärben sich wie das Fruchtfleisch von Äpfeln.***

Mameyapfel

Mammiapfel

Mammea americana

Familie der *Guttiferae* – Johanniskrautgewächse

engl.: *mammey apple*

franz.: *apricot d'Amerique*

Nährwert (pro 100 g):
Keine Angaben verfügbar.

PFLANZE ~ Sie ist mit der Mangostane (siehe S. 133) verwandt, bei uns aber noch kaum bekannt. Mameyäpfel wachsen an immergrünen bis zu 15 m hohen Bäumen mit dicken, glänzenden Blättern und weißen, duftenden Blüten.

URSPRUNG UND VERBREITUNG ~ Die Pflanzen stammen aus dem tropischen Amerika und Westindien. Über frühe Verbreitung haben sich keine zuverlässigen Angaben gefunden.

ANBAU UND ANGEBOT ~ Heute baut man Mameyäpfel in Mexiko und Florida an. Importe kommen unregelmäßig per Luftfracht.

Einkaufstip

Mameyäpfel müssen Sie bei Exotenfachhändlern und in Lateinamerika-Läden bestellen. Ob der Apfel reif ist, kann man nur beim Aufschneiden beurteilen.

Tip für die Küche

Vom mandelähnlichen Kern wie bei der Muskatnuß etwas abreiben und Fruchtfleisch, Creme oder Mixgetränk damit würzen.

FRUCHT

- Eßbar: Fruchtfleisch und Samen.
- Ungenießbar: Schale.
- Geruch: neutral.
- Geschmack: erinnert an Walnüsse mit leichtem Aroma von Mango und Vanille.
- Größe und Form: 7 bis 15 cm im Durchmesser, kugelig oder etwas abgeflacht.
- Schale: grünlich bis rotbraun; dick und sehr bitter.
- Fruchtfleisch: hellgelb bis leuchtend dunkelgelb mit Orangeton, butterartig und saftig; mit einem großen Kern.
- Reife: Fruchtfleisch orangefarben.
- Überreife Früchte: ungleichmäßig weich; Fruchtfleisch braun.
- Unreife Früchte: Fruchtfleisch hart.

VERWENDUNG

- Als rohes Obst.
- Als Creme.
- Als Milchmixgetränk.

VORBEREITUNG

- Frucht zuerst rundherum bis zum Kern einschneiden, dann der Länge nach in Viertel teilen.
- Fruchtfleisch auslöffeln.
- Fruchtfleisch mit einem Löffel aus der Schale lösen und pürieren.

AUFBEWAHRUNG

- Reife Früchte etwa 2 Tage im Kühlschrank.
- Nachreife: bei Zimmertemperatur.

Mandarine

Citrus reticulata

Familie der *Rutaceae* – Rautengewächse

engl: *tangerine, mandarin orange*

franz.: *mandarine*

Nährwert (pro 100 g):
46 kcal, 192 kJ;
0,7 g Eiweiß, 0,3 g Fett,
10,1 g Kohlenhydrate

PFLANZE ~ Mandarinen wachsen an immergrünen 2 bis 8 m hohen, dornigen Sträuchern oder Bäumen. Da sie ziemlich unempfindlich gegen Kälte sind, gedeihen sie auch in den Mittelmeerländern. Die Pflanzen gehören zu einer Gruppe, die zahlreiche Varietäten umfaßt – entstanden entweder durch zufällige natürliche Mutationen oder durch systematische Züchtung. Einige Merkmale haben alle gemeinsam: Sie sind kleiner als Orangen, man kann sie besser schälen, und ihre 8 bis 12 Segmente trennen sich leicht voneinander.

URSPRUNG UND VERBREITUNG ~ Die Echte chinesische Mandarine stammt vermutlich aus Indochina und verbreitete sich in Indien, Sri Lanka und auf den Philippinen. Sie wurde lange in China und Japan kultiviert und gelangte schließlich im 19. Jahrhundert zunächst nach Europa, dann in die USA.

ANBAU ~ Der Anbau von Mandarinen geht leider kontinuierlich zurück. Die Früchte schmecken zwar aromatischer als alle Neuzüchtungen und Kreuzungen, aber sie enthalten viele Kerne. Gefragt jedoch sind kernlose Sorten.

IMPORTE ~ Von November bis Februar aus Italien, Marokko und Spanien.

FRUCHT

- Eßbar: Fruchtfleisch.
- Ungenießbar: behandelte Schale.
- Geruch und Geschmack: typisches Mandarinenaroma.
- Größe und Form: mittelgroß, an Stiel und Blüte abgeflacht.
- Schale: feinporig, dünn, glatt und leicht zu lösen, hellgelb bis orange.
- Fruchtfleisch: bis zu 25 Kerne, zart, sehr saftig, süß und aromatisch.
- Reife: Früchte gleichmäßig gefärbt, leicht zu schälen.
- Überreife Früchte: die Schale beginnt zu faulen.
- Unreife Früchte: Schale sehr hell, eventuell mit grünen Flecken, löst sich schlecht vom Fruchtfleisch.

VERWENDUNG ~ Wie alle anderen süßen Zitrusfrüchte (siehe Clementine, S. 40).

VORBEREITUNG ~ Wie alle anderen süßen Zitrusfrüchte (siehe Clementine, S. 40).

AUFBEWAHRUNG

- Reife Früchte etwa 3 Tage bei Zimmertemperatur.
- Mandarinen reifen wie alle Zitrusfrüchte nicht nach.

SORTEN, DIE MAN LEICHT BEKOMMT

Ellendale

Citrus reticulata x *Citrus tangerina* x *Citrus sinensis*

Herkunft: stammt aus Florida, Importe kommen auch aus Argentinien, Uruguay und Australien.

Größe und Gewicht: mittelgroß.

Form: rundlich.

Schale: hellorange.

Fruchtfleisch: zart, süß und saftig.

Merkmale: Kreuzung vermutlich aus Mandarine, Tangerine und Orange.

Angebot: Juli bis Oktober.

Besonderheit: kernlose oder kernarme Sommerzitrusfrucht.

Mandora

Citrus reticulata x *Citrus sinensis.*

Herkunft: Zypern.

Größe und Gewicht: groß, bis 2 kg.

Form: rundlich.

Schale: fest und glatt, feinporig, gelborange.

Fruchtfleisch: kräftig orange, saftig, süß-aromatisch.

Merkmale: Kreuzung zwischen Mandarine und Orange.

Angebot: Februar bis Ende April.

Besonderheit: kernarme und im Frühjahr die beste Sorte.

Mango

Mangifera indica

Familie der *Anacardiaceae* – Sumachgewächse

engl: *mango*

franz.: *mangue*

Nährwert (pro 100 g):
56 kcal, 236 kJ; 0,6 g Eiweiß, 0,3 g Fett, 12,8 g Kohlenhydrate

PFLANZE ~ Mangos, Steinfrüchte wie Pfirsiche oder Pflaumen, sind mit Pistazie und Cashewnuß verwandt. Die immergrünen Bäume sollen riesige Ausmaße erreichen können: bis zu 40 m Höhe, mit etwa 7 m tiefen Wurzeln und einer Krone von 10 m. In Plantagen hält man sie auf 10 bis 20 m.

URSPRUNG UND VERBREITUNG
Bereits vor mindestens 4000 Jahren wurde die Mango in Indien kultiviert. Etwa 400 Jahre vor der Zeitenwende wurde die Frucht von dort in ganz Asien heimisch gemacht: vom Malaiischen Archipel bis nach Südchina und Ostasien. Außerhalb Asiens verbreitete sie sich dann in zwei Etappen: Zunächst brachten sie Araber oder Perser im 10. Jahrhundert n. Chr. nach Ostafrika, im 16. Jahrhundert gelangte sie dann durch die Portugiesen nach Europa, Westafrika und Südamerika.

ANBAU ~ Mangos wachsen in allen tropischen Regionen bis in die subtropischen Klimazonen. Es werden Früchte aus Plantagenzüchtung oder Wildwuchs angeboten.

Einkaufstip

Die Schalenfarbe der Mangos spielt für die Qualität keine Rolle: Die eher unansehnliche Sorte „Kent" etwa schmeckt viel aromatischer als die glänzend rote „Tommy Atkins". Wichtig sind vor allem Sorte und Reifegrad. Mangos deshalb besser nicht im Supermarkt, sondern bei Fachleuten für Exoten-Obst oder Händlern aus den „Mangoländern" kaufen.

IMPORTE ~ Das ganze Jahr über aus Malaysia, Thailand, Indien, Pakistan, Florida, Mexiko, Mittel- und Südamerika, Westindien, Israel, Afrika, von den Philippinen und Hawaii.

FRUCHT

- Eßbar: Fruchtfleisch.
- Ungenießbar: Schale und Kern.
- Geruch: mangotypisch und je nach Reifegrad sehr intensiv.
- Geschmack: süß und gleichzeitig säuerlich-herb, eher stumpf als frisch; sehr aromatisch; je nach Sorte auch harzig oder leicht nach Terpentin.
- Größe: von Pflaumen- bis Melonengröße.
- Gewicht: je nach Sorte von 100 g bis 2 kg; hierzulande werden vorwiegend Früchte von 200 bis 600 g angeboten.
- Form: je nach Sorte rundlich, herz-, ei- oder nierenförmig.
- Schale: glatt und weich wie Wildleder, oft ein- oder mehrfarbig, von Grün über Gelb bis Orange und Rot.
- Fruchtfleisch: orange oder sattgelb, äußerst saftig, zart; je nach Sorte mit oder ohne Fasern, sehr fest oder nur lose mit dem ovalen, flachen Kern verbunden; geleeartiges Fruchtfleisch rund um den Kern kann Zeichen für eine am Baum ausgereifte oder für eine überreife Frucht sein.
- Reife: Die Früchte duften kräftig und liegen so angenehm in der Hand wie eine reife Banane. Dickschalige Mangos sollten weicher, dünnschalige eher runzelig sein: Braune oder schwarze Flecken auf der Schale können Zeichen für Reife sein.
- Überreife Früchte: Geschmack ekelhaft seifig.
- Unreife Früchte: ohne Aroma, hart.

VERWENDUNG

- Roh als Obst.
- Für süße und herzhafte Salate.
- Gewürfelt in Bowle, Champagner oder Sekt.
- Püriert als süße Suppe, Creme, Sorbet oder Drink.
- Gedünstet als Kompott.
- Eingekocht für Konfitüren oder Chutneys.

VORBEREITUNG

- Die Früchte waschen. Die Haut abziehen oder mit einem Sparschäler entfernen.
- Rundliche Mangos quer bis zum Kern halbieren, mit dem Messer vom Kern lösen, würfeln und in den Schalen servieren.
- Flache Mangos ringsum bis zum Kern einschneiden, nacheinander die Schale der beiden Hälften abziehen und das Fruchtfleisch in Spalten vom Kern schneiden.
- Sehr reife, weiche Früchte: längs in drei Scheiben schneiden, so daß in der mittleren Scheibe der Kern steckt. Fruchtfleisch in den äußeren beiden Scheiben mit einem Eßlöffel aus den Schalen lösen. Die Schale der mittleren Scheibe abschneiden und das Fruchtfleisch vom Kern schneiden oder schaben.

AUFBEWAHRUNG

- Nicht im Kühlschrank und getrennt von anderem Obst oder Gemüse: Mangos geben Ethylen ab (siehe S. 247).
- Reife, ganze Frucht in einem kühlen Raum etwa 2 Tage.
- Aufgeschnittene Früchte abgedeckt oder in Folie gewickelt im Kühlschrank 1 Tag.
- Nachreife: bei Zimmertemperatur.

ACHTUNG ~ Es heißt, daß man zu Mangos nichts trinken soll, weil Flüssiges Magenbeschwerden verursachen kann, egal ob Milch, Wasser oder Alkohol. Das soll bis zu 2 Stunden nach dem Verzehr und auch für Dosenware gelten. Die Gründe dafür kennt man nicht.

Tips für die Küche

• Mangos am besten in der Küche vorbereiten; der Saft verursacht hartnäckige Flecken.

• Faserige Mangos nicht als Obst anrichten, sondern pürieren.

Tommy Atkins (Foto unten)

Herkunft: Mittel- und Südamerika, besonders Kolumbien.
Größe und Gewicht: mittel, etwa 300 g.
Form: rundlich.
Schale: orange bis rot; dick.
Fruchtfleisch: sattgelb, faserig, süß und etwas fade.
Angebot: ganzjährig; auch in Supermärkten.
Besonderheit: Eignet sich wegen der Fasern für Mangopüree und sollte mit Zitrussaft aromatisiert werden.

Haden

Herkunft: Hawaii, Südafrika.
Größe und Gewicht: groß, etwa 600 g.
Form: erinnert an ein Herz.
Schale: rot-grün; dick.
Fruchtfleisch: orange, faserfrei; fruchtig und sehr süß; typisches Mangoaroma.
Angebot: ganzjährig.
Besonderheit: gut zum Rohessen und für Gerichte mit Mangostücken.

Kent

Herkunft: vor allem Mexiko, Südamerika und Israel.
Größe und Gewicht: groß, etwa 800 g.

Form: eiförmig.
Schale: eher unansehnlich gelbgrün bis grünlichgrau; stabil.
Fruchtfleisch: gelb, süß, saftig und kaum säuerlich; typisches Mangoaroma; faserfrei.
Angebot: ganzjährig.
Besonderheit: gut zum Rohessen und für Gerichte mit Mangostücken.

Nam dok mai (Foto S. 128)
Herkunft: Thailand.
Größe und Gewicht: mittelgroß, etwa 350 g.
Form: länglich.
Schale: grün bis gelbgrün; stabil.
Fruchtfleisch: gelborange, faserfrei; süß mit typischem Mangoaroma.
Angebot: ganzjährig, aber unregelmäßig bei Fachhändlern.
Besonderheit: gut zum Rohessen und für Gerichte mit Mangostücken.

Manila oder Carabao
Herkunft: Philippinen.
Größe und Gewicht: klein, etwa 200 g.
Form: länglich-oval mit ausgeprägter Spitze.
Schale: intensiv gelb; dünn.
Fruchtfleisch: gelb, saftig, fruchtig und säuerlich; faserfrei.
Merkmale: Gilt in den „Mangoländern" als Spitzenqualität.
Angebot: von Januar bis Mai von den Philippinen; bei Fachhändlern.
Besonderheit: gut zum Rohessen.

Grüne Mango
Herkunft: Thailand.
Größe und Gewicht: mittel, 300 bis 350 g.
Form: lang und schlank mit ausgeprägter Spitze.
Schale: dünn und dunkelgrün.
Fruchtfleisch: gelb, faserfrei; fest, fruchtig und mangotypisch mit leichtem Harzgeschmack.
Merkmale: sehr gut haltbar.
Angebot: unregelmäßig; bei Fachhändlern.
Besonderheit: gut zum Dippen in Sambals und zum Schmoren.

Mangostane

Mangostene, Mangostanapfel, Mangu, Mangis

Garcinia mangostana

Familie der *Guttiferae* – Hartheugewächse

engl.: *mangosteen*

franz.: *mangoustan*

Nährwert (pro 100 g):
57 kcal, 238 kJ; 0,5 g Eiweiß,
0,3 g Fett, 14,7 g Kohlenhydrate

PFLANZE ~ Sie gehört zur Familie der Johanniskrautgewächse, wächst aber zu einem stattlichen Baum heran: 10 bis 20 m hoch, mit tief angesetzten Ästen, einer dichten Krone und großen rosa Blüten mit cremefarbener Mitte, die sich nur am Nachmittag öffnen. Die Früchte sind mächtige Beeren, bis 9 cm groß, mit fingerdicker Schale.

URSPRUNG UND VERBREITUNG ~ Die Pflanze stammt aus den tropischen Regenwäldern Malaysias und wurde bis Mitte der siebziger Jahre ausschließlich in Südostasien kultiviert.

Einkaufstip

Die Früchte kommen meist als Flugware, doch auch Schiffstransporte sind möglich, denn wegen ihrer harten Schale halten sie wochenlang. Kaufen Sie bei Fachleuten: Mangostanen sieht man ihre Qualität nicht an; man muß sich auf den Händler verlassen können.

ANBAU ~ Heute baut man die Früchte in allen feuchten, tropischen Gebieten an, vorwiegend in Malaysia, Thailand, Vietnam, Sri Lanka, Burma, Mittelamerika und Brasilien.

IMPORTE ~ Das ganze Jahr über: von Mai bis November aus Thailand und Malaysia, während des Jahres Importe aus Brasilien.

FRUCHT

- Eßbar: Fruchtfleisch und flache grünliche Samen.
- Ungenießbar: Schale und dicke Samen.
- Geruch: fruchtig, aber durch die harte, dicke Schale kaum wahrnehmbar.
- Geschmack: fein süß-säuerlich; eine Mischung aus Pfirsich, Aprikose, Mango und Ananas.
- Größe und Gewicht: wie eine kleine Orange.

Tips für die Küche

• Vorsicht beim Aufschneiden: der tanninhaltige Saft der Schale verursacht hartnäckige rote Flecken.

• Mangostane ißt man nur roh.

- Form: wie ein Apfel, oben und unten leicht abgeflacht, mit dickem Stiel auf wulstiger Blattkrone und deutlichem Sternchen am Blütenansatz.
- Schale: violett, weinrot bis rotbraun, dick und faserig.
- Fruchtfleisch: perlweiß, in 4 bis 7 Segmente unterteilt wie bei Mandarinen, in der Konsistenz ähnlich wie Pfirsichfleisch; erfrischend süß-säuerlich, schmelzend und dennoch fest, um den dicken Samen faserig wie Mango.
- Reife: Die Früchte werden nur reif geerntet, weil sie nicht nachreifen.
- Überreife Früchte: lassen sich schwer schälen, weil die Schale trocken und holzig wird; das Fruchtfleisch riecht unangenehm vergoren.
- Falsch gelagerte Früchte: hart.

VERWENDUNG

- Roh als Obst.
- Für süße und herzhafte Salate.
- Aufgeschnittene Früchte als eßbare Dekoration.

VORBEREITUNG

- Die Schale rund um den „Äquator" aufschneiden und die Stielhälfte vom Fruchtfleisch abheben.
- Die ganze Frucht im unteren Schalenteil servieren.
- Fruchtfleisch in Segmenten auf Portionstellern anrichten.

AUFBEWAHRUNG ~ Ganze reife Früchte etwa 4 Tage bei Zimmertemperatur.

Manna

Röhrenkassie, Puddingröhrenbaum, Indischer Goldregen

Cassia fistula

Familie der *Leguminosae* – Schmetterlingsblütler

engl.: *manna*

franz.: *manne*

Nährwert (pro 100 g):
Keine Angaben verfügbar.

PFLANZE ~ Zur Blütezeit von März bis Mai versteht man den poetischen Namen „Goldregen“: Lange Trauben aus blaßgelben bis leuchtend goldenen Blütensternen bedecken über und über die bis zu 20 m hohen, breitkronigen Bäume. Die runden, hohlen Fruchthülsen, die 30 bis 50 cm lang werden, enthalten ein süßes Mark.

URSPRUNG UND VERBREITUNG
Die Pflanze stammt aus den trockenen Waldgebieten Indiens und Sri Lankas. Sie wächst wild und kultiviert überall in den Tropen. Auch in unseren Breiten dient der Indische Goldregen in großen Wintergärten als Ziergewächs.

ANBAU ~ Die Pflanze wird wegen ihrer Blüten, Früchte und Blätter angebaut: Die Blüten nimmt man in Ostasien als Tempelblumen, die Früchte werden zu Süßigkeiten verarbeitet, und die Blätter sind Bestandteil milder Abführtees.

Einkaufstip

Manna erhalten Sie am besten bei Exoten- und Gewürzhändlern. Die Schoten sind länger und dünner als das verwandte Johannisbrot (siehe S. 74) und verlieren bei längerer Lagerung an Gewicht.

IMPORTE ~ Das ganze Jahr über aus Indonesien, Thailand und Afrika; die besten Monate sind November bis März, weil man meist Früchte aus neuer Ernte bekommt.

FRUCHT

- Eßbar: schwarzbraunes Mark.
- Ungenießbar: Schale, Samen und die Plättchen, die mit dem Fruchtmark überzogen sind.
- Geruch und Geschmack: süß, etwas bitter, aber angenehm aromatisch.
- Länge: 30 bis 50 cm lang.
- Form: Hülsen wie Bohnen.
- Schale: schwarzbraun, holzig, mit gut sichtbarer „Längsnaht"; im Innern unterteilt in gleich große Kammern.
- Fruchtmark: dunkelbraun, klebrig und süß; das Mark liegt mit je einem flachen rotbraunen Samen auf den holzigen Plättchen, die die Kammern bilden.

VERWENDUNG ~ Zum Naschen wie Bonbons.

VORBEREITUNG

- Fruchthülsen mit einem spitzen Messer gegenüber der „Naht" längs aufschneiden.
- Die Plättchen ohne die Samen herausnehmen und lutschen, bis nur noch die holzigen Plättchen übrig sind.

AUFBEWAHRUNG

- Ganze Hülsen halten sich trocken, kühl und luftig viele Wochen.
- In den aufgebrochenen Hülsen trocknet das Mark aus.

HISTORISCHES ~ Das biblische „Manna", das die Juden beim Auszug aus Ägypten gegessen haben sollen, stammt vermutlich von einer anderen Pflanze: der Manna-Tamariske (*Tamarix mannifera*), die von einer bestimmten Schildlaus bewohnt wird. Die Insekten saugen den honigartigen Saft der Bäume, nähren ihre Larven damit und lassen den Rest in kleinen Kügelchen zu Boden fallen. Noch heute sollen Beduinen die Kügelchen vor Sonnenaufgang sammeln. Eine weitere Pflanze, die in Frage kommt, ist die Flechte *Lecanora esculenta*, die dritte eine Verwandte der *Cassia fistula*: die Mannaesche (*Fraxinus ornus*), die ebenfalls einen süßen Saft aussondert.

Maracuja

Gelbe Passionsfrucht, Gelbe Granadilla

Passiflora edulis* var. *flavicarpa

Familie der *Passiflorae* – Passionsblumengewächse

engl: *yellow passion-fruit*

franz.: *fruit de la passion*

Nährwert (pro 100 g):
67 kcal, 280 kJ; 2,4 g Eiweiß, 0,4 g Fett, 13,4 g Kohlenhydrate

PFLANZE ~ Die Maracuja ist vermutlich aus der roten Passionsfrucht (siehe S. 168) entstanden.

URSPRUNG UND VERBREITUNG ~ Wie alle ihre Verwandten stammt auch die Maracuja aus Mittel- und Südamerika; sie gedeiht am besten in tropischen Höhenlagen – man findet Plantagen in 1500 bis 2500 m Höhe – und in den Subtropen.

ANBAU ~ Von den etwa 20 eßbaren Passionsfrüchten gehören Maracujas und rote Passionsfrüchte (siehe S. 168) zu den kommerziell bedeutendsten. Maracujas wachsen in allen tropischen und subtropischen Gebieten.

Einkaufstip

Maracujas mit Druckstellen liegen lassen, da sie schnell faulen.

IMPORTE ~ Das ganze Jahr über vorwiegend aus Brasilien, Ecuador, Peru und Kolumbien.

FRUCHT

- Eßbar: Fruchtfleisch und Samen.
- Ungenießbar: Schale.
- Geruch und Geschmack: eher stumpf als frisch, sehr intensiv, wie die bekannten Tropen- und Vitamindrinks, allerdings hocharomatisch.
- Größe und Form: wie ein Hühnerei oder wie eine Aprikose.
- Schale: gelb und glatt bis runzelig.
- Fruchtfleisch: erfrischend und saftig, süß mit deutlicher Säure, weich und geleeartig mit zahlreichen eßbaren Samen.
- Reife: wenn die Schale gelb wie ein Kanarienvogel ist und zu schrumpeln beginnt.
- Überreife Früchte: unangenehm säuerlich.
- Unreife Früchte: glatte Schale.

VERWENDUNG

- Roh als Obst zum Auslöffeln.
- Für süße Gerichte, Dessertsaucen und Getränke.

VORBEREITUNG

- Die Frucht quer halbieren.
- Das Fruchtfleisch mit den Kernen aus der Schale löffeln.
- Fruchtfleisch aus der Schale lösen, mit dem Pürierstab zerkleinern und durch ein Sieb streichen.

AUFBEWAHRUNG

- Ganze reife Früchte etwa 1 Woche im kühlen Raum, jedoch nicht im Kühlschrank.
- Nachreife: bei Zimmertemperatur.

Melone

Zuckermelone

Cucumis melo

Familie der *Cucurbitaceae* – Kürbisgewächse

engl.: *melon*

franz.: *melon*

Nährwert (pro 100 g):
54 kcal, 226 kJ;
0,9 g Eiweiß, 0,1 g Fett,
12 g Kohlenhydrate

PFLANZE ~ Botanisch gesehen zählt sie wie ihre Verwandten Gurke, Kürbis, Zucchini oder Wassermelone zum Gemüse, für die Verbraucher gehört sie zu den köstlichen Sommerobstsorten. Die kriechenden, einjährigen Pflanzen mit zartgelben Blüten tragen süße, wasserreiche, duftende Früchte. Anders als bei Wassermelonen konzentrieren sich die Samenkerne in der Mitte des Fruchtfleisches. Es gibt Melonenvarietäten mit glatter, gerippter oder netzartiger Schale (Fotos auf dieser Seite).

URSPRUNG UND VERBREITUNG ~ Die Heimat der Melonen kennt man nicht genau. Manche Botaniker nehmen Indien an, weil sich der Name von einem Sanskritwort ableiten soll. Andere schlagen den Vorderen Orient vor: Im alten Ägypten hatte man ein eigenes Wort für die süßen Früchte, während weder Griechen noch Römer sprachlich zwischen Gurken und Melonen unterschieden. Melonen tauchen auf Wandmalereien in Pharaonengräbern auf. Auch aus Afrika könnten sie stammen: dort gibt es noch Wildformen der süßen Melone.

Einkaufstip

Vorsicht bei aufgeschnittenen Melonen: Sie liegen im Sommer oft zu lang im Laden, so daß sich unter der Folie Faul- und Schimmelstellen bilden und das Fruchtfleisch zu gären beginnt. Kaufen Sie lieber eine ganze Melone, und heben Sie die übriggebliebene Hälfte im Kühlschrank auf.

ANBAU ~ Heute werden Melonen in den tropischen und subtropischen Klimazonen auf der ganzen Welt angebaut – sowohl unter Glas oder Folie als auch im Freiland. Die wichtigsten Produzenten sind China, die Türkei und andere Mittelmeerländer.

IMPORTE ~ Das ganze Jahr über: Spanien liefert von April bis Februar, die Türkei nur bis Januar. Aus Italien und Frankreich kommen Importe von Mai bis Oktober bzw. Ende September. Ägypten liefert im November und Dezember und von April bis Juli, Israel von April bis Januar, danach Südafrika von Januar bis März, Argentinien bis Juni. Brasilianische Melonen sind von Dezember bis März, chilenische bis April auf dem Markt.

FRUCHT

- Eßbar: Fruchtfleisch.
- Ungenießbar: Schale.
- Besser entfernen: Kerne.
- Geruch: fruchtig und leicht nach Honig.
- Geschmack: leicht oder intensiv süß, fruchtig, mit dem arttypischen Aroma.
- Gewicht: 500 g bis 2 kg.
- Form: rund oder eiförmig.
- Schale: dick, je nach Sorte glatt und gelb oder grüngelb, mit weißlichem oder hellbraunem Netz überzogen oder glatt und mit Rippen oder Warzen besetzt.

Fruchtfleisch: je nach Sorte intensiv hellgelb bis grüngelb, orange oder grünlich; zart, schmelzend und sehr saftig; in der Mitte Kammern mit gallertartiger Masse und zahlreichen Samenkernen.

Reife: Die Früchte duften intensiv, der Stiel ist schrumpelig und rissig, die gegenüberliegende Seite, wo die Blüte saß, läßt sich leicht eindrücken.

Überreife Früchte: Die Blütenseite beginnt zu faulen, die Frucht gärt.

Unreife Früchte: ohne Aroma, schmecken nach Gurke.

VERWENDUNG

Roh als Obst.

Roh für süße Gerichte und herzhafte Salate, zu rohem Schinken, Salami und würzigen Käsesorten.

Gewürfelt oder in Kugeln für Bowle oder in Sekt/Champagner schwimmend als Sommerdrink.

Püriert als Dessertsauce oder Sorbet.

VORBEREITUNG

Zum Auslöffeln, Füllen oder für Melonenkugeln: quer halbieren, die Samen mit einem Eßlöffel entfernen.

Segmente oder Stücke: Auf die Arbeitsfläche legen, mit einem langen Messer längs halbieren und parallel dazu die Schale mit dem Fleisch in schiffchenförmige Segmente schneiden. Mit einem langen dünnen Messer an der Schale oberhalb der weißen Innenhaut entlangfahren und dabei das Fruchtfleisch der Segmente ablösen. Noch auf der Schale in Stücke schneiden.

Tips für die Küche

• Melonen schmecken gekühlt am besten.

• Zum Würzen und Aromatisieren süßer oder herzhafter Gerichte mit Melonen eignen sich besonders grüner oder weißer Pfeffer, frischer Ingwer, Minze, Zitronenmelisse, Weinbrand, Portwein, Sherry medium und Obstbrände.

AUFBEWAHRUNG

- Ganze reife Früchte etwa 8 Tage im Kühlschrank.
- Aufgeschnittene Früchte in Folie gewickelt maximal 2 Tage im Kühlschrank.
- Nachreife: bei Zimmertemperatur.

SORTEN, DIE MAN LEICHT BEKOMMT

Galia (Foto unten)

Cucumis melo var. *reticulatus*

Herkunft: Spanien, Türkei, Israel, Südafrika, Tunesien, Griechenland.

Gewicht: bis 1,5 kg.

Form: rund oder walzenförmig.

Schale: gelblich mit leichten grünen Rippen, mit graugrünem Schimmer, überzogen mit einem feinem „Netz".

Fruchtfleisch: grünlich bis weiß, süß und aromatisch, sehr saftig, in der Konsistenz wie Nektarinen.

Merkmale: Netzmelone.

Angebot: ganzjährig aus Europa und Südafrika.

Besonderheit: kleine Früchte reichen für 1 bis 2 Portionen.

Charentais (Fotos S. 141)

Cavaillon-Melone

Cucumis melo var. *cantaloupensis*

Herkunft: Frankreich, Senegal.

Gewicht: etwa 1 kg.

Form: rund, an Stiel und Blüte leicht abgeflacht.

Schale: weißgrün bis hellgelb und sand-farben, mit deutlich dunkler gefärbten Rippen versehen, fein und glatt.

Fruchtfleisch: dunkel aprikosenfarben, orange in der Mitte; saftig und süß, im Aroma an Papayas erinnernd.

Merkmale: Melone mit Rippen oder Warzen auf der Schale.

Angebot: Mitte Juni bis September; am aromatischsten schmecken die Früchte im Juli und August.

Besonderheit: Charentais gelten als die besten Melonen.

Ogenmelone

Cucumis melo var. *cantaloupensis*

Herkunft: Israel, Italien, Südafrika, Niederlande.

Gewicht: 500 g bis 1 kg.

Form: rund bis leicht oval.

Schale: glatt und glänzend, grün mit gelblichen Flecken oder Streifen.

Fruchtfleisch: weißlich-grün bis gelbgrün mit dickem grünen Rand um die Schale, zart und schmelzend, fruchtig mit angenehmer Säure.

Merkmale: israelische Kreuzung aus Netzmelone und gerippter Kantaloupe-Melone.

Angebot: ganzjährig; am besten schmecken sie im Sommer.

Besonderheit: Ogenmelonen werden fast reif geerntet und kommen per Luftfracht aus Israel und Südafrika.

Gelbe Honigmelone (Foto S. 142)

Herkunft: Spanien, Israel, Südafrika, Brasilien.

Gewicht: etwa 1 kg.

Form: länglich wie ein amerikanischer Football.

Schale: gelb oder grüngelb, dünn und glatt mit leichten Kerben.

Fruchtfleisch: weißgelb bis zartgrün, fest, süß und saftig mit schwachem Ananasaroma.

Merkmale: glattschalige Melone.

Angebot: ganzjährig; am besten schmecken sie im Sommer.

Besonderheit: die bekannteste süße Melone.

Minneola

Citrus tangerina x *Citrus paradisi*

Familie der *Rutaceae* – Rautengewächse

engl.: *minneola*

franz.: *minneola*

Nährwert (pro 100 g):
44 kcal, 183 kJ; 1 g Eiweiß,
0,2 g Fett, 9,5 g Kohlenhydrate

PFLANZE ~ Die kräftigen, großen und ausladenden Bäume gehören zu den Zitrusgewächsen, die relativ viel Kälte vertragen; in Regionen mit hohen Frühjahrstemperaturen bilden sich sogar weniger Früchte.

URSPRUNG UND VERBREITUNG ~ Minneola zählen zu den „Easypeelern", den Zitrusfrüchten aus Echter chinesischen Mandarine und japanischer Satsuma, die sich wesentlich besser schälen lassen als Orangen. Die Kreuzung aus Tangerine (siehe S. 205) und Grapefruit (siehe S. 63) vereint die besten Eigenschaften beider Früchte: Ihre Schale löst sich so leicht wie bei einer Tangerine, ihr Fruchtfleisch ist fest und säuerlich-aromatisch wie das einer Grapefruit. Die Früchte können bis zu 20 Kerne enthalten, je nachdem, ob für die Züchtung kernreiche oder kernlose Grapefruits verwendet wurden.

ANBAU ~ Minneolas werden in allen Zitrusländern nördlich und südlich des Äquators angebaut.

IMPORTE ~ Aus Israel und Kalifornien von Januar bis März, aus Südafrika im Juli und August.

FRUCHT

- Eßbar: Fruchtfleisch.
- Ungenießbar: Schale.
- Geruch und Geschmack: typisches Mandarinenaroma.
- Größe und Form: wie eine mittelgroße Orange, glockenförmig mit auffällig höckerartiger Ausbuchtung am Stiel.
- Schale: feinporig, dünn, glatt und leicht zu lösen, rötlich-orange.
- Fruchtfleisch: wenige Kerne, zart, saftreich, süß und aromatisch.
- Reife: Früchte gleichmäßig leuchtend rötlich-orange.
- Überreife Früchte: Die Schale beginnt zu faulen.
- Unreife Früchte: Schale gelborange, eventuell mit grünen Flecken, löst sich schlecht.

VERWENDUNG ~ Wie Orangen und Clementinen (siehe S. 157 und 40).

VORBEREITUNG ~ Schale einritzen und abziehen und Fruchtfleisch zerkleinern wie bei Orangen.

AUFBEWAHRUNG

- Reife Früchte etwa 5 Tage bei Zimmertemperatur.
- Minneolas reifen wie alle Zitrusfrüchte nicht nach.

Mispel

Nespel

Mespilus germanica

Familie der *Rosaceae* – Rosengewächse

engl.: *medlar*

franz.: *nèfle*

Nährwert (pro 100 g):
44 kcal, 186 kJ; 0,5 g Eiweiß, Fett: keine Angaben, 10,6 g Kohlenhydrate

PFLANZE ~ Mispeln wachsen überall in Europa. Die bis zu 5 m hohen Bäume mit breiter Krone sind attraktive Schattenspender. Im späten Frühling tragen sie große weiße Blütensterne, im Herbst orangefarbenes Laub. Die Blätter werden bis zu 10 cm lang und sind auf der Unterseite behaart.

URSPRUNG UND VERBREITUNG ~ Die Pflanze stammt aus dem Vorderen Orient und verbreitete sich von dort in die gemäßigten Zonen aller Kontinente. Noch vor 50 Jahren waren Mispeln in ganz Europa so bekannt, daß sie in alten Gartenbüchern als einheimische Bäume bezeichnet wurden.

ANBAU ~ Mispeln kann man erst im überreifen Stadium essen. Die Früchte sollten so lange wie möglich am Baum bleiben, und meist müssen sie nach der Ernte noch 2 Wochen kühl und dunkel lagern. Anbaugebiete sind Spanien, Südfrankreich, Italien, Griechenland, die Niederlande, England, Kalifornien und Japan.

IMPORTE ~ Ab November aus Spanien, Italien und der Türkei.

FRUCHT

- Eßbar: Fruchtfleisch.
- Ungenießbar: Schale und Kerne.

Einkaufstip

Das Angebot an Mispeln wird langsam größer. Doch wenn Sie bei einheimischen Gemüsehändlern und auf Märkten nicht fündig werden, versuchen Sie es bei türkischen, griechischen, spanischen und italienischen Händlern. In den Mittelmeerländern gehören die Früchte nämlich zum normalen Herbstobst.

- Geruch: nach Most.
- Geschmack: süß-säuerlich nach Wein.
- Größe und Form: je nach Sorte wie eine Walnuß, ein kleiner Apfel oder eine kleine Birne.
- Schale: von Gelbbraun über Rostrot oder Grünlichbraun bis Dunkelbraun; lederig, rauh und leicht behaart.
- Fruchtfleisch: rötlich oder bräunlich, weich wie Teig; je nach Sorte kernlos oder mit 5 Kernen.
- Reife: nach den ersten Frostnächten; Schale dunkelbraun, ledrig und leicht abzuziehen, Früchte weich.
- Unreife Früchte: Fruchtfleisch herb und adstringierend wie unreife Äpfel, mit bitterem Nachgeschmack.

VERWENDUNG

- Roh als Obst.
- Für Desserts.
- Gedünstet als Kuchenbelag wie Apfelmus.
- Eingekocht als Konfitüre, Gelee oder Saft.

VORBEREITUNG

- Die Schale abziehen.
- Das Fruchtfleisch zerkleinern.

AUFBEWAHRUNG

- Eßreife Früchte etwa 1 Woche in einem kühlen, trockenen Raum.
- Zum Nachreifen etwa 2 Wochen in einem kalten, trockenen Raum lagern; dazu mit den Kelchblättern nach unten auf eine dünne Lage feinen Sand setzen.

ACHTUNG ~ Eßreife Mispeln enthalten Spuren von Alkohol.

Tips für die Küche

- ***Mispeln zum Rohessen brauchen viel Zucker; sie schmecken mit Schlagsahne und/oder Eis.***
- ***Eingekochte Mispeln schmecken gut mit Äpfeln, Birnen und/oder Zwetschen.***

Nashi

Nashi-Birne, Apfel-Birne, Japanische Birne, Sandbirne

Pyrus pyrifolia* und *Pyrus ussuriensis

Familie der *Roseceae* – Rosengewächse

engl.: *nashi, Asian pear, nashi pear, Japanese pear*

franz.: *nashi*

Nährwert (pro 100 g):
49 kcal, 204 kJ; 0,5 g Eiweiß,
0,3 g Fett, 11 g Kohlenhydrate

PFLANZE ~ Nashis sind mit unseren heimischen Äpfeln und Birnen verwandt. Auch die Bäume gleichen einander, werden in Plantagen an Spalieren gezogen und auf knapp 2 m Höhe gehalten. Es gibt zwei verschiedene Fruchttypen: einen birnenförmigen und einen apfelförmigen.

URSPRUNG UND VERBREITUNG ~ Nashis kommen vermutlich aus einer Region, die von Nordchina über Korea bis nach Japan reicht. Von Botanikern wird der „Birnen-Nashi" China, der „Apfel-Nashi" Japan zugeordnet.

ANBAU UND ANGEBOT ~ Die Früchte wachsen wie unser heimisches Kernobst in allen gemäßigten Zonen mit warmen Sommern und kalten Wintern. Plantagenanbau gibt es in Japan, Korea, Neuseeland, Australien, in den USA, Chile und in Europa. Für den Export werden nur Apfel-Nashis kultiviert.

IMPORTE ~ Von August bis Oktober aus Spanien, Italien und Frankreich, von Oktober bis Januar aus Japan, von Oktober bis Mai aus Korea und von Februar bis August aus Neuseeland.

Tip

Nashis, die schon an der Kippe zur Überreife stehen, sind zum Rohessen am besten: Sie schmecken aromatisch mit einem Hauch von Likörpraline. Zu kaufen gibt es sie dann gewöhnlich nicht mehr, weil sie im Handel als überreif gelten. Lassen Sie die Früchte einfach ein paar Tage bei Zimmertemperatur liegen.

FRUCHT

- Eßbar: gesamte Frucht.
- Ungenießbar: Stiel.
- Besser entfernen: Schale und Kerne.
- Geruch: eine Mischung aus Birne und Golden-Delicious-Apfel.
- Geschmack: säuerlich-süß mit Birnenaroma und einer Spur von süßem Apfel. Rauhschalige Nashis schmecken aromatischer als glattschalige.
- Größe: wie ein großer Apfel.
- Gewicht: ca. 200 g.
- Form: wie ein Apfel.
- Schale: je nach Sorte hellgelb bis hellbraun; dünn, aber kräftig; rauh oder glatt.
- Fruchtfleisch: cremefarben und in der Konsistenz einer saftigen Birne, sehr knackig.
- Reife: Fruchtfleisch knackig und saftig.
- Überreife Früchte: sehr saftig, beginnen zu gären; Fruchtfleisch wirkt milchig.
- Unreife Früchte: sehr sauer, leicht adstringierend wie eine unreife Birne.

VERWENDUNG

- Roh als Obst.
- Für süße und herzhafte Salate.
- Gedünstet als Kompott.
- Eingekocht mit säuerlichen Obstsorten (Sauerkirschen, Stachelbeeren, Rhabarber) als Konfitüre.
- Gebacken als Kuchenbelag und Piefüllung.

VORBEREITUNG ~ Wie Äpfel oder Birnen.

AUFBEWAHRUNG

- Reife Früchte etwa 8 Tage im Kühlschrank.
- Nachreife entfällt, denn Nashis kommen nur reif auf den Markt.

Tips für die Küche

- *Nashis schmecken kühl und geschält am besten.*
- *Aufgeschnitten werden sie wie Birnen schnell braun, deshalb mit Zitronen- oder Limettensaft beträufeln.*
- *Bei Zubereitung als Kompott oder Kuchenbelag steigert Zitrussaft ihr Aroma.*
- *Für Kompott die Früchte nur kurz dünsten, bis sie gerade weich sind, sonst geht das Aroma verloren.*
- *Nashis enthalten viel Wasser; bei Verwendung als Kuchenbelag oder Piefüllung deshalb mit Speisestärke, Biskuit- oder Semmelbröseln mischen.*

SORTEN, DIE MAN LEICHT BEKOMMT

Hosui (Foto S. 151)

Herkunft: Neuseeland.

Größe, Gewicht und Form: wie ein mittelgroßer bis großer Apfel.

Schale: braun mit goldfarbenem, rauhem Belag.

Fruchtfleisch: fest, süß und saftig; manchmal gelb-rötlich.

Merkmale: „rauhe" Nashi-Sorte.

Angebot: Februar bis Juli.

Besonderheit: häufig erhältlich.

Kosui

Herkunft: Japan, Neuseeland.

Größe, Gewicht und Form: wie ein mittelgroßer Apfel, etwas abgeplattet.

Schale: grün mit braunem, rauhem Belag.

Fruchtfleisch: fest, süß und sehr saftig; manchmal gelb-rötlich.

Merkmale: „rauhe" Nashi-Sorte.

Angebot: Oktober bis August.

Besonderheit: gilt als die beste Qualität und ist am teuersten.

Nijiseiki, 20th Century (Foto S. 153)

Herkunft: Japan, Neuseeland, Korea, Spanien, Italien, Frankreich.

Größe, Gewicht und Form: wie ein mittelgroßer Apfel.

Schale: gelbgrün, glatt und glänzend.

Fruchtfleisch: sehr saftig.

Merkmale: „glatte" Nashi-Sorte.

Angebot: Oktober bis August.

Besonderheit: Die gelbgraue oder rötliche Schalenfarbe ist klimabedingt und hat keinen Einfluß auf die Qualität.

Netzannone

Rahmapfel, Ochsenherz

Annona reticulata

Familie der *Annonaceae* – Schuppenapfelgewächse

engl.: *custard apple, bullock's heart*

franz.: *cachiman*

Nährwert (pro 100 g):
62 kcal, 261 kJ; 1,5 g Eiweiß, 0,3 g Fett, 13,4 g Kohlenhydrate

PFLANZE ~ Netznannonen wachsen in den mittleren Höhenlagen und im Tiefland der Tropen. Wie alle Annonen sind sie Sammelfrüchte, d. h. sind aus lauter Einzelfrüchten zusammengewachsen, die Sie noch als warzige Schuppen auf der Schale und an den harten dunklen Samen im Fruchtfleisch erkennen.

URSPRUNG UND VERBREITUNG ~ Die Pflanze stammt aus dem tropischen Amerika, wurde bereits von den Indios kultiviert und nach Entdeckung der Neuen Welt auch in den tropischen Klimazonen der restlichen Welt verbreitet.

ANBAU ~ In mittleren Höhenlagen und Flachland im tropischen Südamerika, auf den Antillen, Sri Lanka, in Indien, Thailand und Afrika.

IMPORTE ~ Unregelmäßig, vorwiegend aus Kenia.

FRUCHT

- Eßbar: Fruchtfleisch.
- Ungenießbar: Schale und Samen.
- Geruch und Geschmack: mild-süß mit wenig Säure, oft etwas fad.
- Größe: 8 bis 12 cm.
- Gewicht: bis 1 kg.
- Form: rund bis herzförmig.
- Schale: schilfgrün, dann dunkelrot, höckerig mit fünfeckigen „Warzen", mitteldick.
- Fruchtfleisch: cremefarben bis weißlich-grau, saftig und weich mit vielen braunen Kernen.
- Reife: Die Schale beginnt sich dunkelrot zu färben, die Frucht fühlt sich weich und samtig an wie ein reifer Pfirsich.
- Überreife Früchte: Die Schale ist schwarzbraun, die Frucht unangenehm weich bis matschig, das Fleisch glasig.
- Unreife Früchte: hart mit grüner Schale.

VERWENDUNG ~ Roh als Obst zum Auslöffeln.

VORBEREITUNG ~ Die Früchte waschen und quer halbieren.

AUFBEWAHRUNG

- Ganze reife Früchte maximal 2 Tage bei Zimmertemperatur.
- Fruchtfleisch pürieren und mit Zitrussaft vermischt einfrieren.
- Nachreife: auf weicher Unterlage in einem kühlen Zimmer.

Tips für die Küche

• Unter Sauerstoff-einfluß verfärbt sich das Fruchtfleisch rasch, deshalb nach dem Aufschneiden sofort mit Zitrussaft beträufeln.

• Zitrussaft rundet auch das Aroma ab.

Orange

Apfelsine, Chinaapfel

Citrus sinensis

Familie der *Rutaceae* – Rautengewächse

engl.: *orange*

franz.: *orange*

Nährwert (pro 100 g):
44 kcal, 183 kJ;
1 g Eiweiß, 0,2 g Fett,
8,3 g Kohlenhydrate

PFLANZE ~ In ihrer natürlichen Umgebung gehört sie – wie der Zitronenstrauch – zu den schönsten Obstbäumen: 4 bis 8 m hoch, mit kräftigen dunkelgrünen Blättern und großen weißen Blüten, deren intensiver Duft an die reife Frucht erinnert.

URSPRUNG UND VERBREITUNG ~ Orangen stammen ursprünglich aus Südchina und Südostasien. Nach Europa gelangten sie in der zweiten Hälfte des 15. Jahrhunderts. Kolumbus nahm auf seiner zweiten Reise im Jahr 1493 Orangensamen von den Kanarischen Inseln mit nach Haiti. Von dort verbreiteten sich die Pflanzen in der ganzen Karibik und wurden 1518 in Mexiko und 1565 in Florida erstmals angebaut. Der kommerzielle Orangenanbau in Spanien begann 1792, in Italien 1870.

ANBAU UND ANGEBOT ~ Orangen sind weltweit die wichtigsten und meistproduzierten Zitrusfrüchte; Plantagen findet man überall in den Tropen und Subtropen. Von den etwa 1000 Sorten werden vor allem die normale runde Orange, Navel-,

Blut- und Zuckerorange kultiviert. In den Zitrusländern der nördlichen Halbkugel blühen die Bäume im Frühjahr, die Früchte reifen im Winter und kommen als Winterorangen auf den Markt. Südlich des Äquators ist es umgekehrt: Brasilien, Australien und Südafrika liefern Sommerorangen.

IMPORTE ~ Orangen werden das ganze Jahr über angeboten: Winterorangen aus den Mittelmeerländern kommen von November bis Juni, Sommerorangen aus Südafrika, Brasilien und Argentinien von Juni bis November. Nur für Blutorangen ist die Saison begrenzt, denn diese Sorten werden in den tropischen Überseeländern nicht kultiviert.

MARKENNAMEN ~ Jaffa-Orangen aus Israel, Outspan aus Südafrika und Sunkist aus Kalifornien sind keine speziellen Sorten, sondern Markennamen wie „Chiquita" bei Bananen.

FRUCHT

- Eßbar: gesamte Frucht.
- Ungenießbar: behandelte Schale.
- Besser entfernen: die weiße Haut unter der Schale, Kerne.
- Geruch: säuerlich, nach Zitrus.
- Geschmack: je nach Sorte süß-säuerlich bis sehr süß mit typischem Aroma.
- Größe: je nach Sorte von der Größe eines Tennisballs bis über 10 cm Durchmesser.
- Gewicht: von etwa 80 g bis 420 g.

Einkaufstip

Unreife Orangen kommen nicht auf den Markt; die Früchte werden nur für den Export freigegeben, wenn Zucker- und Säuregehalt in einer bestimmten Relation stehen. Bei Früchten mit grünen Flecken auf der Schale war das Wetter vor der Ernte zu warm: Das schöne Orange bildet sich nur bei kühlen Nächten. Saure Orangen sind eine eigene Sorte.

Tips für die Küche

• Blondorangen haben weißes Fruchtfleisch, Blutorangen rotes. Beide Sorten eignen sich am besten zum Rohessen, Einkochen und Auspressen.
• Navelorangen eignen sich nur zum Rohessen.
• Sommerorangen eignen sich am besten zum Auspressen.

- Form: je nach Sorte rund, oval, eiförmig oder abgeflacht.
- Schale: bis etwa $^1/_2$ cm dick; je nach Sorte mattgelb, hellorange oder tiefrot und bläulich; feinporig und glatt.
- Fruchtfleisch: in 6 bis 12 Segmente unterteilt, je nach Sorte gelb, orangefarben oder tiefrot; kernlos oder arm an Kernen; saftig bis sehr saftig.
- Reife: Fruchtfleisch süß-säuerlich oder süß und aromatisch.
- Überlagerte Früchte: Fruchtfleisch trocken; Schale eventuell mit faulen Stellen.

VERWENDUNG

- Roh als Obst, für süße Gerichte und herzhafte Salate.
- Geschmort mit Geflügel und Fleisch.
- Eingekocht als Konfitüre.
- Ausgepreßter Saft für Getränke, Saucen und Suppen.
- Abgeriebene Schale zum Würzen.

VORBEREITUNG

- Den Stielansatz der Frucht als etwa fingerbreite Kappe rundherum abschneiden, die Schale der Länge nach sternförmig mit einem Messer einritzen und abziehen.
- Fruchtfleisch in Scheiben oder Stücke schneiden.
- Fruchtfleisch in Segmente teilen und aus den Häutchen lösen.

AUFBEWAHRUNG ~ Etwa 6 Tage bei Zimmertemperatur.

HISTORISCHES ~ Der „Nabel" wurde den Navelorangen als Zweitfrucht angezüchtet: das kleine Anhängsel sollte die Kerne der großen Hauptfrucht aufnehmen.

SORTEN, DIE MAN LEICHT BEKOMMT

Salustiana

Herkunft: Spanien und Marokko.
Größe: mittelgroß.
Gewicht: 250 g.
Form: rundlich abgeflacht.
Schale: dünn, intensiv orangefarben.
Fruchtfleisch: orangefarben, weich, zart und sehr saftig.
Geschmack: kräftig süß.
Merkmale: Blondorange, meist kernlos.
Angebot: November bis Februar.
Besonderheit: eignet sich gut zum Rohessen und Auspressen.

Moro (Foto rechts)

Herkunft: Italien.
Größe: mittelgroß.
Gewicht: knapp 100 g.
Form: rund bis länglich.
Schale: mitteldick, rauh, intensiv orangefarben.
Fruchtfleisch: dunkelrot.
Geschmack: säuerlich süß.
Merkmale: Halbblutorange mit Kernen.
Angebot: November bis Februar.
Besonderheit: gute Saftorange.

Navel (Foto S. 157)

Herkunft: Spanien, Marokko, Algerien, Griechenland, Türkei, Südafrika, Uruguay, Brasilien, Argentinien, Mexiko, Australien, Kalifornien.
Größe: groß bis sehr groß.
Gewicht: bis über 400 g.
Form: oval.
Schale: dick, grobporig, intensiv orangefarben, läßt sich leicht vom Fruchtfleisch lösen.
Fruchtfleisch: gelb.
Geschmack: süß und aromatisch.
Merkmale: kernlose Blondorange, als europäische Winter- ebenso wie als Sommerfrucht aus Übersee im Handel.
Angebot: November bis August.
Besonderheit: die „Mutter" aller Navelsorten.

Pera

Herkunft: Brasilien.
Größe: mittelgroß.
Gewicht: etwa 250 g.
Form: eiförmig.
Schale: mitteldünn, glatt, hellorange.
Fruchtfleisch: blaßgelb, sehr saftig.
Geschmack: süß und aromatisch.
Merkmale: Sommerfrucht mit wenigen Kernen und häufig grünen Flecken auf der Schale.
Angebot: von Juni bis November.
Besonderheit: eignet sich besonders gut zum Auspressen.

Pampelmuse

Citrus maxima (syn. *Citrus grandis*)

Familie der *Rutaceae* – Rautengewächse

engl.: *pummelo, shaddock*

franz.: *pampelmousse*

Nährwert (pro 100 g):
41 kcal, 171 kJ; 0,6 g Eiweiß, 0,2 g Fett, 9,3 g Kohlenhydrate

PFLANZE ~ Pampelmusen wachsen an 5 bis 8 m hohen Bäumen mit behaarten Blättern, wenigen Dornen und dekorativen großen cremefarbenen Blüten.

URSPRUNG UND VERBREITUNG ~ Die Heimat der Pampelmuse ist Ostindien, Birma, Thailand und Malaysia. Von Südasien wanderte sie nach China, in den Westen Indiens und nach Persien. Die Europäer lernten sie etwa im 13. Jahrhundert als Kuriosität kennen. Die deutsche und französische Bezeichnung kommt vermutlich vom holländischen *pomplemus*, womit kürbisgroße Zitrusfrüchte bezeichnet wurden. Das englische *shaddock* erinnert an den schottischen Kapitän Shaddock, der die Pampelmuse Ende des 17. Jahrhunderts auf die Karibikinsel Barbados brachte.

ANBAU UND ANGEBOT ~ Die besten Früchte sollen wild im Brackwasser thailändischer Flußmündungen wachsen. Angebaut werden Pampelmusen in ihren Ursprungsgebieten, außerdem in der Karibik, in Florida, Kalifornien, Südafrika und Israel. Ihre Bedeutung für den Weltmarkt ist gering und nimmt zugunsten von Grapefruit und Pomelo weiter ab.

Einkaufstip

Pampelmusen unterscheiden sich durch Größe und Form von Grapefruits (siehe S. 63) und Pomelos (siehe S. 178): Sie sind wesentlich größer als Grapefruits und im Gegensatz zur birnenförmigen Pomelo rund.

IMPORTE ~ Von September bis April aus Israel, von Juli bis September aus Südafrika.

FRUCHT

- Eßbar: Fruchtfleisch.
- Ungenießbar: Schale.
- Geruch: säuerlich, nach Zitrusschalen.
- Geschmack: mild-säuerlich, würzig und etwas bitter; manchmal mit leichtem Brombeeraroma.
- Größe: bis zur Größe eines Kinderkopfes.
- Gewicht: bis 6 kg.
- Form: rund mit Einbuchtungen an Stiel und Blüte.
- Schale: je nach Sorte grün, grüngelb, hellgelb bis rötlich-gelb; sehr dick und elastisch; leicht vom Fruchtfleisch zu lösen.
- Fruchtfleisch: je nach Sorte grüngelb oder rötlich, kernlos oder arm an Kernen; saftig und fest.
- Reife: Früchte liegen angenehm weich in der Hand.
- Überreife Früchte: beginnen zu faulen.
- Unreife Früchte: hart; sehr sauer und trocken.

VERWENDUNG

- Roh als Obst, für süße Gerichte und herzhafte Salate.
- Gedünstet als Kompott zu Eis oder Crêpes.
- Geschmort in Currygerichten mit hellem Fleisch.
- Eingekocht mit Orangen als Konfitüre.
- Ausgepreßt für Getränke.

VORBEREITUNG

- Früchte quer halbieren, Fruchtfleisch entlang der Segmente einschneiden und rundherum am Rand von der Schale lösen.
- Aus der Schale löffeln.

- Wie eine Orange schälen.
- Fruchtfleisch in Scheiben oder Stücke schneiden.
- Fruchtfleisch in Segmente teilen und aus den Häutchen lösen.

AUFBEWAHRUNG

- Reife Früchte etwa 14 Tage bei Zimmertemperatur.
- Wie alle Zitrusfrüchte reifen Pampelmusen nicht nach.

Tip für die Küche

Die dicken, fleischigen Schalen von Pampelmusen machen etwa die Hälfte des Fruchtgewichtes aus. Sie sind unbehandelt und eignen sich wegen ihres hohen Gehalts an ätherischen Ölen als Würze für selbstgemachte Orangenmarmelade, Gebäck und Süßspeisen.

Papaya

Baummelone

Carica papaya

Familie der *Caricaceae* – Melonenbaumgewächse

engl.: *papaya, papaw, pawpaw*

franz.: *papaye*

Nährwert (pro 100 g):
12 kcal, 52 kJ;
0,5 g Eiweiß, 0,1 g Fett,
2,4 g Kohlenhydrate

PFLANZE ~ Die Bäume sind botanisch gesehen ein verholztes Kraut – ihr Schopf mit bis zu 60 cm langen, glatten Blättern an langen Stielen wirkt fast wie ein mächtiges Petersilienbund. Papayabäume wachsen kerzengerade wie Palmen 6 bis 10 m hoch und bilden keine Seitenzweige oder Äste. Die Früchte hängen unterhalb der Blätter rund um den Stamm herab wie Spitzenklöppel.

URSPRUNG UND VERBREITUNG ~ Vermutlich stammt die Papaya aus dem Süden Mexikos und aus Mittelamerika. Sie wurde von den Indios kultiviert und von den Europäern verbreitet: Mitte des 16. Jahrhunderts brachten spanische Seefahrer sie nach Manila. Von dort gelangten sie in andere tropische Regionen der Erde.

ANBAU ~ In tropischen und subtropischen Klimazonen der ganzen Welt.

IMPORTE ~ Per Luftfracht und Schiff das ganze Jahr über aus Brasilien, Costa Rica, Kenia, von der Elfenbeinküste. Die besten Früchte kommen aus Thailand.

Einkaufstip

Kaufen Sie beim Fachhändler, nicht im Supermarkt. Papayas gehören zu den problematischen Exotenfrüchten, weil sie auf den Punkt gereift sein müssen, damit Geschmack und Aroma stimmen. Die Nachreife zu Hause ist schwierig, denn Papayas brauchen viel Luftfeuchtigkeit. Preiswerte Früchte aus Schiffsfracht schmecken nicht, weil sie so grün geerntet werden, daß sie überhaupt nicht richtig reif werden. Die Schale färbt sich zwar oft gelb, doch das Fruchtfleisch darunter bleibt ungenießbar.

FRUCHT

- Eßbar: Fruchtfleisch, Kerne.
- Ungenießbar: Schale.
- Geruch: frisch, aber eher neutral.
- Geschmack: erinnert an Melonen und Aprikosen, süß, kaum Fruchtsäure.
- Gewicht: je nach Sorte einige hundert Gramm bis mehrere Kilogramm schwer; bei uns werden vor allem Früchte von 300 bis 600 g Gewicht verkauft.
- Form: je nach Sorte rundlich, ei- oder birnenförmig.
- Reife: Schale grüngelb oder grün mit ausgeprägten gelben Flecken, eventuell auch dunklen Pünktchen. Die ganze Frucht liegt weich und warm in der Hand wie eine reife Banane. Das Fleisch der aufgeschnittenen Frucht ist milchig-rot, butterweich und saftig.
- Überreife Früchte: Schale zitronengelb und mit braunen Flecken, die eingedrückt und wie mit Schimmel besetzt wirken; Frucht sehr weich; Fleisch der aufgeschnittenen Frucht glasig.
- Unreife Früchte: hart, Schale grün mit wenigen gelben Sprenkeln.

VERWENDUNG

- Roh als Obst.
- Für süße und herzhafte Salate.

- Püriert als süße Suppe, Creme oder Drink.
- Gedünstet als Kompott.
- Eingekocht als Konfitüre.

VORBEREITUNG

- Die Frucht waschen, halbieren und die Kerne entfernen.
- Die Papaya schälen, das Fruchtfleisch in Scheiben, Schnitze oder Würfel schneiden.

AUFBEWAHRUNG

- Ganze reife Früchte maximal 2 Tage in einem kühlen, eher feuchten Raum.
- Reifes Fruchtfleisch mit dem Saft von Zitrusfrüchten pürieren und einfrieren.
- Aufgeschnittene reife Früchte in Folie gewickelt einige Stunden im Kühlschrank.
- Nachreife: bei Zimmertemperatur bis zu 8 Tagen.

Tips für die Küche

• *Papayas enthalten kaum Fruchtsäuren, deshalb mit dem Saft von Zitrusfrüchten oder säuerlichem Obst mischen.*

• *Das Enzym Papain, das in rohen Früchten enthalten ist, verhindert, daß Gelatine fest wird, und macht Milchprodukte bitter. Deshalb für Cremes oder Gelees mit rohen Papayas als Geliermittel Pektin oder Agar-Agar verwenden. Für Papayacreme mit Milch, Sahne oder Joghurt die Früchte erst dünsten.*

• *Die scharfen Kerne erinnern im Geschmack an Kresse; sie passen nicht zur süßen Frucht, schmecken aber zerdrückt in Salatsaucen.*

• *Große Früchte schmecken besser als kleine.*

Passionsfrucht

Purpur-Granadilla, Rote Passionsfrucht

Passiflora edulis

Familie der *Passiflorae* – Passionsblumengewächse

engl.: *passion-fruit, purple-granadilla*

franz.: *grenadilla, pomme liane, fruit de la passion*

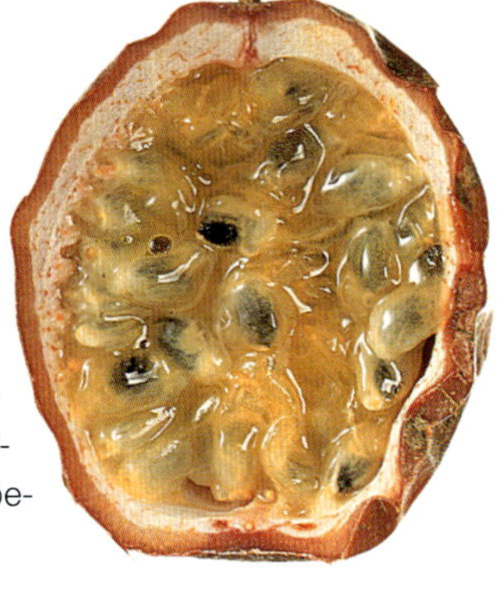

Nährwert (pro 100 g):
67 kcal, 280 kJ; 2,4 g Eiweiß,
0,4 g Fett, 13,4 g Kohlenhydrate

PFLANZE ~ Passionsfrüchte wachsen an immergrünen, lianenartigen Sträuchern. Die Purpur-Granadilla erkennt man an zarten violetten Blüten mit purpurfarbenem Stern in der Mitte.

URSPRUNG UND VERBREITUNG ~ Wie alle ihre Verwandten stammt auch die Rote Passionsfrucht aus Mittel- und Südamerika. Sie gedeiht am besten in den Subtropen und in tropischen Höhenlagen – in Kenia legte man Plantagen in 1500 bis 2500 m Höhe an.

ANBAU ~ Von den etwa 20 eßbaren Passionsfrüchten (siehe auch Granadilla, S. 58) sind die rote Varietät und die Maracuja (siehe S. 139) kommerziell am wichtigsten und werden in allen tropischen und subtropischen Klimazonen kultiviert.

IMPORTE ~ Rote Passionsfrüchte kommen das ganze Jahr über vorwiegend aus Kenia, von November bis Juni auch aus Südamerika.

Tip

Passionsfruchtkerne in einem Blumentopf mit Erde setzen. Die Pflanzen kann man im Sommer ins Freie stellen, zum Überwintern in den Keller.

FRUCHT

- Eßbar: Fruchtfleisch und Samen.
- Ungenießbar: Schale.
- Geruch und Geschmack: eher dumpf als frisch, sehr intensiv, hocharomatisch und etwas an Aprikose erinnernd.
- Größe und Form: etwas größer als eine Pflaume; rund.
- Schale: purpur, bräunlich bis schwarzviolett.
- Fruchtfleisch: erfrischend und saftig, süß-säuerlich, weich und geleeartig mit zahlreichen eßbaren Samen.
- Reife: wenn die Schale richtig schrumpelig aussieht.
- Überreife Früchte: unangenehm säuerlich.
- Unreife Früchte: glatte Schale; Fruchtfleisch sehr sauer.

VERWENDUNG

- Roh als Obst zum Auslöffeln.
- Für süße Gerichte, Dessertsaucen und Getränke.

VORBEREITUNG

- Die Frucht quer halbieren.
- Das Fruchtfleisch mit den Kernen aus der Schale löffeln.
- Zum Pürieren das Fruchtfleisch aus der Schale lösen, mit dem Pürierstab zerkleinern und durch ein Sieb streichen.

AUFBEWAHRUNG

- Ganze reife Früchte etwa 1 Woche im kühlen Raum, jedoch nicht im Kühlschrank.
- Nachreife: bei Zimmertemperatur; kann etwa 2 Wochen dauern.

Einkaufstip

Nehmen Sie nur dann Früchte mit glatter Schale, wenn Sie sie nicht sofort essen wollen. Reife, süße Passionsfrüchte sind schrumpelig und unansehnlich.

Pepino

Birnenmelone, Melonenbirne

Solanum muricatum

Familie der *Solanaceae* – Nachtschattengewächse

engl.: *pear melon, sweet cucumber, cachum, mellowfruit*

franz.: *poir melon*

Nährwert (pro 100 g):
23 kcal, 97 kJ; 0,6 g Eiweiß, 0,1 g Fett, 5 g Kohlenhydrate

PFLANZE ~ Die Sträucher oder Büsche wachsen bis zu 1 m hoch, in Kulturen auch höher. Die Farbe ihrer Blüten hängt von der Temperatur ab: Unter 20 °C blühen die Pflanzen tiefblau, bei höheren Werten werden sie etwas heller, ab 27 °C tragen sie weiße Blüten.

URSPRUNG UND VERBREITUNG ~ Vermutlich stammen die Pflanzen aus Kolumbien, von wo sie sich lange vor Entdeckung der Neuen Welt bis nach Ecuador, Peru, Bolivien und Chile verbreitet haben. Nach Europa brachte sie bereits 1785 der französische Gartenbauspezialist Thouin. Etwa 100 Jahre später baute man sie erstmals in Kalifornien und Florida an. Um die Jahrhundertwende wurden sie auf den Kanarischen Inseln eingeführt.

ANBAU ~ In subtropischen Klimazonen, besonders in Peru, Neuseeland und Chile, Bolivien, Venezuela, Ecuador, Spanien, Florida, Kalifornien, Äthiopien und Südafrika.

IMPORTE ~ Von Januar bis April vorwiegend aus Neuseeland, von Juli bis Januar aus Peru.

FRUCHT

- Eßbar: Frucht mit Kernen.
- Besser entfernen: Schale.
- Geruch und Geschmack: neutral, leicht süß, wie eine Mischung aus Wassermelone und Gurke.
- Größe: von Apfel- bis Kokosnußgröße.
- Form: rund bis länglich wie ein amerikanischer Football.
- Schale: dünn wie bei einer Tomate; gelb mit grünlicher bis blau-violetter Maserung; daneben gibt es jedoch auch blau-violette Früchte.
- Fruchtfleisch: hellgelb.
- Reife: Die Frucht ist weich wie eine reife Tomate.
- Überreife Früchte: sehr weich; Fruchtfleisch leicht mehlig mit grauen Flecken.
- Unreife Früchte: hart.

Tips für die Küche

- *Pepinos schmecken am besten gut gekühlt und ohne Schale.*
- *Zitrussaft verhindert bei aufgeschnittenen Früchten ein Verfärben und intensiviert ihr Aroma.*
- *Kompott und Konfitüre aus Pepinos bekommen durch säuerliche Früchte, wie Beeren, Orangen, Limetten oder Aprikosen, mehr Geschmack.*

Tip

Pepinoschnitze mit Limettensaft beträufeln und statt Feigen oder Melone mit Parmaschinken oder Salami servieren.

VERWENDUNG

- Roh als Obst.
- Für süße und herzhafte Salate.
- Gedünstet als Kompott.
- Püriert als süße Suppe oder Creme.
- Eingekocht als Konfitüre.

VORBEREITUNG

- Die Frucht waschen, wie eine Melone längs halbieren und nach Wunsch die Kerne entfernen.
- Die Haut abziehen oder dünn abschälen und das Fruchtfleisch in Schnitze oder Würfel schneiden.

AUFBEWAHRUNG

- Ganze reife Früchte halten sich etwa 1 Woche im Kühlschrank.
- Nachreife: auf weicher Unterlage bei Zimmertemperatur.

Physalis

Kapstachelbeere, Andenbeere, Goldbeere, Lampionfrucht

Physalis peruviana

Familie der *Solanaceae* – Nachtschattengewächse

engl.: *cape gooseberry*

franz.: *coqueret du Perou*

Nährwert (pro 100 g):
92 kcal, 307 kJ; 2,7 g Eiweiß,
1,1 g Fett, 12 g Kohlenhydrate

PFLANZE ~ Die Physalis wächst wie ihre Verwandte, die Tomate, an kleinen Büschen. Sobald die orangeroten Früchte reif werden, plustert sich die papierdünne Blatthülle darum auf wie ein Lampion. Die Blasenkirsche oder Lampionpflanze, die in unseren Breiten als Zierpflanze im Garten gehalten wird, gehört ebenfalls zu ihren Verwandten.

URSPRUNG UND VERBREITUNG ~ Wildformen der Physalis stammen vermutlich aus den Andenregionen südlich des Äquators, aus Ecuador, Bolivien, Peru und dem Norden Chiles. Domestiziert wurde die Pflanze vor mehr als 200 Jahren in Südafrika – daher der Name „Kapstachelbeere". Ihre Früchte wurden damals als Mittel gegen die Vitamin-C-Mangel-Krankheit Skorbut verwendet.

ANBAU UND ANGEBOT ~ Heute wird die Physalis auf dem ganzen Globus kultiviert: in Südafrika, Kenia und Madagaskar, Kolumbien, Neuseeland, den Niederlanden, Großbritannien und sogar in den Weinbaugebieten Deutschlands. Importware erhält man das ganze Jahr über aus Kolumbien, von Dezember bis Juni aus Kenia.

Tip

Physalis sind ein gesunder Fernseh-Snack: süß wie Pralinen, doch reich an Beta-Karotin und viel kalorienärmer als Erdnüsse oder Chips.

FRUCHT

- Eßbar: ganze Frucht.
- Ungenießbar: die stark gerippte gelbliche bis hellbraune Blatthülle.
- Geruch und Geschmack: erfrischend, leicht süß und säuerlich zugleich.
- Größe und Form: wie eine Stachelbeere.
- Schale: orangefarben und glänzend, leicht klebrig.
- Fruchtfleisch: gelb, weich und saftig.
- Reife: gelbe Schale.
- Überreife Früchte: unangenehm weich; eventuell Schimmelbildung an den Blatthüllen.
- Unreife Früchte: grüngelb, ziemlich sauer.

VERWENDUNG

- Roh als Obst.
- Für süße und herzhafte Salate.
- Für Tortenbeläge und Konfekt.
- Gedünstet als Kompott.
- Eingekocht als Konfitüre.

VORBEREITUNG ~ Die Blatthülle entfernen und die Früchte waschen.

AUFBEWAHRUNG

- Physalis muß man sehr trocken und luftig aufbewahren, damit sie nicht schimmeln.
- Reife Früchte etwa 2 Tage bei Zimmertemperatur.
- Zum Nachreifen bei Zimmertemperatur liegen lassen und täglich kontrollieren.

Tip für die Küche

Für Obstsalate die Früchte mit einer feinen Nadel einstechen, damit der Zucker oder Sirup eindringen kann.

Pitahaya

Pitaya

Hylocereus triangularis

Familie der *Cactaceae* – Kakteengewächse

engl.: *pitahaya*

franz.: *pitahaya*

Nährwert (pro 100 g):
36 kcal, 151 kJ; 1 g Eiweiß, 0,4 g Fett, 7,1 g Kohlenhydrate

PFLANZE ~ Wie die Kaktusfeige ist auch die Pitahaya die Frucht einer Kakteenart. An ihren dreikantigen, bis zu 5 m langen Zweigen bilden sich große, weißgelbe, höchst attraktive Blüten und schließlich ziemlich bizarre Früchte: Rote Pitahayas mit ihren giftgrünen Schuppen erinnern an die Haut eines Drachens.

URSPRUNG UND VERBREITUNG ~ Pitahayas stammen aus den tropischen und subtropischen Regionen Südamerikas; sie gedeihen sowohl in Küstenniederungen wie in Höhenlagen.

ANBAU ~ In den Plantagen in Kolumbien stehen die Kakteen als lange Reihen und wie Spalierbäume niedrig genug zum Abernten. Rote Pitahayas werden auch in Nicaragua angebaut.

IMPORTE ~ Von Dezember bis März sowie Juli und August aus Kolumbien und Nicaragua.

FRUCHT

- Eßbar: Fruchtfleisch und Samen.
- Ungenießbar: Schale.
- Geruch: neutral.
- Geschmack: erfrischend und fein säuerlich mit einem Hauch von Stachelbeere.
- Größe: bis 10 cm lang.
- Form: oval.
- Schale: dicker als die von Kaktusfrüchten; je nach Sorte gelb mit deutlichen Wülsten oder kräftig rot-grün geflammt mit Schuppen.
- Fruchtfleisch: weiß mit schwarzen Kernen bei den gelbschaligen, rot oder weiß mit schwarzen Kernen bei den rot-grünschaligen Sorten; weich, saftig und erfrischend; in der Konsistenz ähnlich wie Kiwi; aromatischer als Kaktusfeigen.
- Reife: Früchte weich; bei hellen Sorten färbt sich die Schale orange, bei roten giftig rot und grün.
- Überreife Früchte: unangenehm weich.
- Unreife Früchte: Schale grün.

VERWENDUNG

- Roh als Obst.
- Für süße und herzhafte Salate.

VORBEREITUNG

- Die Frucht quer halbieren.
- Beide Spitzen kappen. Die Schale längs einschneiden, an einem Ende festhalten und die Pitahaya auf der Arbeitsfläche mit dem Messer herausstreifen.
- Fruchtfleisch in Scheiben, Streifen oder Würfel schneiden.

AUFBEWAHRUNG

- Reife Früchte etwa 12 Tage bei Zimmertemperatur.
- Zum Nachreifen in einen kühlen Raum auf eine weiche Unterlage legen.

ACHTUNG ~ Pitahayas wirken verdauungsfördernd und in größeren Mengen abführend.

Tips für die Küche

- ***Pitahayas kann man ohne Handschuhe verarbeiten.***
- ***Gelbe Früchte sind süßer und aromatischer, rote dekorativer, doch ohne die Ausgewogenheit von Süße und Fruchtsäure.***

Pomelo

Citrus paradisi x *Citrus maxima*

Familie der *Rutaceae* – Rautengewächse

engl.: *pummelo*

franz.: *pummelo*

Nährwert (pro 100 g):
41 kcal, 171 kJ;
0,6 g Eiweiß, 0,2 g Fett,
9,3 g Kohlenhydrate

PFLANZE ~ Die israelische Züchtung aus Grapefruit und Pampelmuse vereint feine Säure und herbe Würze der Grapefruit (siehe S. 63) mit der intensiven Süße der echten Pampelmuse (siehe S. 162) zu einer frischen, angenehmen Frucht.

URSPRUNG UND VERBREITUNG ~ Seit Mitte der siebziger Jahre werden die Früchte dieser israelischen Züchtung auf dem europäischen Markt angeboten. Der Name „Pomelo", die sich hierzulande eingebürgert hat, ist eigentlich die internationale Bezeichnung für Pampelmusen (siehe S. 162), in angelsächsischen und romanischen Ländern auch für Grapefruits (siehe S. 63).

IMPORTE ~ Das ganze Jahr über: von September bis April aus Israel, im Sommer aus Südafrika.

FRUCHT

● Eßbar: Fruchtfleisch; eventuell unbehandelte Schale.

Einkaufstip

Richtig aromatisch schmecken Pomelos ab November. Die weißfleischigen sind besser als die neue Züchtung mit rosafarbenem Fruchtfleisch.

Tip

Israelische Pomelos sind unbehandelt, so daß man auch ihre dicke, fleischige Schale verwenden kann, die zahlreiche Öldrüsen enthält. Ohne die weiße Haut eignet sie sich zum Kandieren, fein gerieben wie die anderer Zitrussorten zum Aromatisieren von Gebäck oder Süßspeisen.

- Ungenießbar: behandelte Schale und bittere weiße Haut direkt darunter.
- Geruch und Geschmack: würzig nach Zitrus, süß-säuerlich.
- Größe: zwischen Grapefruit- und Pampelmusengröße.
- Form: birnenförmig, am Stiel mit deutlichem Höcker wie eine Minneola.
- Schale: weißgelb bis grünlich, sehr dick, großporig und glatt; umschließt das Fruchtfleisch fest und läßt sich dennoch leicht abziehen.
- Fruchtfleisch: je nach Sorte hellgelb, weiß oder rosafarben, kernlos oder arm an Kernen, zerfällt leicht in Segmente, fest, saftig.
- Reife: Schale gibt auf leichten Druck nach, ist pappig und schrumpelig.
- Überreife Früchte: Schale beginnt zu faulen.
- Unreife Früchte: Fruchtfleisch löst sich schlecht.

VERWENDUNG

- Fruchtfleisch, Saft und Schale wie alle anderen süßen Zitrusfrüchte.
- Schale zum Kandieren (siehe oben).
- Eingekocht für Marmelade.

VORBEREITUNG

- Wie alle anderen süßen Zitrusfrüchte.
- Wie eine Grapefruit halbieren und auslöffeln.

AUFBEWAHRUNG

- Reife Früchte etwa 6 Tage bei Zimmertemperatur.
- Pomelos reifen wie alle Zitrusfrüchte nicht nach.

Pomeranze

Bitterorange, Bigardie, Sevilla-Orange, Sauer-Orange

Citrus aurantium

Familie der *Rutaceae* – Rautengewächse

engl.: *sour orange, bitter orange, sevilla orange*

franz.: *bigardie*

Nährwert (pro 100 g):
Keine Angaben verfügbar.

PFLANZE ~ Pomeranzen wachsen an bis zu 10 m hohen Bäumen mit langen Dornen. Aus ihren weißen zarten Blüten und den dunkelgrünen, 7 bis 10 cm langen Blättern werden Parfümöle (Neroli, Petitgrain), aus den Fruchtschalen Liköre wie Cointreau und Curaçao hergestellt.

URSPRUNG UND VERBREITUNG ~ Die Heimat der Pomeranze liegt vermutlich in den Vorgebirgen des Himalaya, wo man heute noch wildwachsende Exemplare findet. Das alt-

Tip

*Die mit der Pomeranze verwandte Bergamotte (**Citrus aurantium** ssp. **bergamia**) wird in Sizilien angebaut. Das ätherische Öl, das man aus ihrer Schale gewinnt, wird zur Herstellung von Likören und zum Parfümieren von Tabak und Tee („Earl Grey") verwendet.*

Tips für die Küche

• Selbstgekochte Marmelade aus Saft-orangen erhält durch den Zusatz einer Pomeranze mit Schale ein noch feineres Aroma.

• Aus kandierten Pomeranzen-Schalen stellt man Orangeat her.

indische Sanskrit-Wort „Nagarunga", aus dem über das Persische auch unser Wort „Orange" entstanden ist, bezeichnet jedoch eine bittere Frucht und nicht die süße Orange, die man als Obst ißt. Pomeranzen sollen die ersten Zitrusfrüchte gewesen sein, die bereits im 4. Jahrhundert v. Chr. nach China importiert wurden. Von dort gelangten sie im 1. Jahrhundert n. Chr. auch nach Japan. Die Araber brachten sie um 700 n. Chr. – lange vor der süßen Orange – nach Nordafrika und Spanien.

ANBAU ~ Das traditionelle Anbaugebiet der „Sevilla-Orange" ist Andalusien.

IMPORTE ~ Vor allem aus Spanien, aber auch aus Sizilien, Israel und Südafrika.

FRUCHT

- Eßbar: gekochte Frucht und Schale.
- Ungenießbar: rohe Frucht; Kerne.
- Geruch und Geschmack: starkes Zitrusaroma, nach Orangenlikör und Parfüm.

- Form: rund wie ein Apfel.
- Schale: kräftig orange, dick und rauh; bitter.
- Fruchtfleisch: gelb, unterteilt in deutliche Segmente, mit großen Kernen; läßt sich leicht von der Schale lösen und in Schnitze teilen; sehr sauer.

VERWENDUNG ~ Eingekocht für Konfitüre.

VORBEREITUNG

- Die Früchte heiß waschen.
- Orangefarbene Schale mit einem kleinen scharfen Messer abschälen wie bei einem Apfel.
- Weiße Haut vom Fruchtfleisch abziehen und die Kerne entfernen.
- Fruchtfleisch in kleine Stücke schneiden; den Saft auffangen.
- Orangefarbene Schale in hauchfeine Streifen schneiden.

AUFBEWAHRUNG ~ Wie Orangen und andere Zitrusfrüchte bei Zimmertemperatur.

Rambutan

Falsche Litschi, Haarige Litschi

Nephelium lappaceum

Familie der *Sapindaceae* – Seifenbaumgewächse

engl.: *rambutan, rambootan*

franz.: *ramboutan, litchi chevelu*

Nährwert (pro 100 g):
65 kcal, 272 kJ;
1 g Eiweiß, 0,1 g Fett,
14,9 g Kohlenhydrate

PFLANZE ~ Die etwa 20 m hohen, immergrünen Bäume tragen „Schließfrüchte" wie Nüsse, die mit Litschis (siehe S. 110) und Longans (siehe S. 114) verwandt sind. Sie bilden sich aus den Blütenrispen, wachsen in Büscheln an langen Stielen und sind dicht mit Haaren besetzt, auf die schon ihr Name verweist (malaiisch *rambut*: „haarig").

URSPRUNG UND VERBREITUNG ~ Die Pflanze stammt aus den feuchtwarmen Tropenregionen Indiens, Südostasiens und Malaysias. Dort wachsen sie in Gärten und Plantagen wie bei uns Apfelbäume.

ANBAU ~ Heute werden die Früchte außer in ihrer ursprünglichen Heimat auch im tropischen Afrika, auf Madagaskar, in Costa Rica, Ecuador und Australien kultiviert. Man kann sie zweimal im Jahr ernten: von Juni bis Oktober und von Dezember bis Februar.

IMPORTE ~ Das ganze Jahr über per Luftfracht aus Sri Lanka und Thailand.

Einkaufstip

Bei frischen, saftigen Früchten stehen die Haare aufrecht und sind rot, gelb, grünlich oder bunt gefärbt.

FRUCHT

- Eßbar: Fruchtfleisch.
- Ungenießbar: Schale und Samen.
- Geruch: neutral.
- Geschmack: süß-säuerlich und erfrischend.
- Größe: wie eine Kastanie oder Pflaume.
- Form: oval.
- Schale: hart wie die der Litschi; weinrot bis braun, auch gelb; dicht besetzt mit etwa fingerbreiten, welligen roten, grünlichen oder gelben Haaren.
- Fruchtfleisch: wie das der Litschi milchig-weiß, sehr saftig, süß-säuerlich; umschließt einen etwa 2 cm großen Samen.
- Reife: Haare bunt (siehe Einkaufstip).
- Überreife Früchte: Haare welk und/oder schwarz verfärbt.

VERWENDUNG

- Roh als Obst.
- Für süße und herzhafte Salate.
- Heiß in Chinagerichten mit Geflügel.
- Eingelegt in Bowle.

VORBEREITUNG

- Stiel abziehen und die Schale aufbrechen.
- Die ganze Frucht in den Mund stecken; der Kern löst sich leicht vom Fruchtfleisch.
- Fruchtfleisch mit einem spitzen Messer aufschneiden und vom Samen lösen.

AUFBEWAHRUNG

- Reife Früchte etwa 2 Tage in einem kühlen Raum.
- Rambutans werden fast reif geerntet und reifen während Transport und Verkauf nach.

Tips für die Küche

- ***Vorsicht beim Öffnen: Beim Zerteilen reifer Rambutans spritzt der Saft wie aus Orangen.***
- ***Rambutans über einer Schüssel vorbereiten, damit der Saft nicht verlorengeht.***
- ***Für warme Gerichte die Früchte nur kurz erhitzen; beim längeren Kochen werden sie zäh.***

Salak

Salacca zalacca (syn. *Salacca edulis*)

Familie der *Palmae* – Palmen

engl.: *salak*

franz.: *salak*

Nährwert (pro 100 g)
Keine Angaben verfügbar.

PFLANZE ~ Die bis zu 5 m hohen Palmen mit 4 bis 7 m langen, dichten, gefiederten, dornigen Wedeln tragen riesige Trauben von fast 0,5 m Größe aus etwa 7 cm großen Beeren, den Salaks.

URSPRUNG UND VERBREITUNG ~ Salakpalmen wachsen wild im gesamten Malaiischen Archipel, brauchen Schatten und konstante Feuchtigkeit. Ihre Früchte gehören in Thailand, Indonesien und auf den Philippinen zu den beliebtesten Obstsorten, weil sie erfrischen und den Durst stillen.

ANBAU ~ Obwohl Salakpalmen auch in Plantagen für den Export kultiviert werden, pflanzt man sie meist als Schutz um Gemüsefelder und Nutzgärten: Man stutzt sie auf einer Höhe von etwa 2 m, so daß die starken Blattwedel mit ihren spitzen Dornen eine undurchdringliche natürliche Mauer bilden. Die Palmen werden gepflegt und abgeerntet wie die Obstbäume unserer Hausgärten.

IMPORTE ~ Unregelmäßig, hauptsächlich aus Indonesien.

FRUCHT

- Eßbar: Fruchtfleisch.
- Ungenießbar: Haut und Kerne.

Einkaufstip

Kaufen Sie in Läden für Exotenfrüchte und bei Händlern aus Thailand, Indonesien und Philippinen, damit Sie wirklich reife Früchte bekommen. Wegen der harten Haut kann man die Reife von außen nicht fühlen. Salak aus Bali gelten als besonders aromatisch.

- Geruch und Geschmack: bonbonartig, erfrischend, etwa wie grüner Apfel.
- Größe und Form: wie eine Feige.
- Schale: mittelbraun und glänzend, mit kleinen Schuppen wie Schlangenleder, dünn und hart wie bei gerösteten Maronen.
- Fruchtfleisch: weiß mit rosa Hauch; in drei Segmenten unterteilt, von denen jedes einen länglichen graubraunen, sehr harten Samen enthält; saftig und süß-säuerlich.
- Reife: Fruchtfleisch knackig weich wie Salatgurke, süß mit leichtem Rosengeschmack; ein Rest Fruchtfleisch bleibt am Kern haften.
- Überreife Früchte: Fruchtfleisch mit braunen Flecken, weich; unangenehm fader Geruch.
- Unreife Früchte: Fruchtfleisch hart wie bei einer rohen Kartoffel; unangenehm adstringierend mit bitterem Nachgeschmack.

VERWENDUNG

- Roh als Obst.
- Für süße und herzhafte Salate.

VORBEREITUNG

- Die Schale mit einer Messerspitze rund um die Frucht aufschneiden, abheben und die Segmente voneinander lösen.
- Mit dem Messer so weit einschneiden, daß man den Samen entfernen kann.

AUFBEWAHRUNG

- Ganze Früchte etwa 4 Tage luftig und bei Zimmertemperatur.
- Unreife Früchte reifen nicht nach.

Santol

Falsche Mangostan

Sandoricum koetjape

Familie der *Meliaceae* – Zedrachgewächse

engl.: *santol*

franz.: *faux mangoustan*

Nährwert (pro 100 g)
Keine Angaben verfügbar.

PFLANZE ~ Sandoribäume stehen in Südostasien überall als Schattenspender, weil sie schnell wachsen und dichte Kronen bilden.

URSPRUNG ~ Die Tropenpflanze stammt vermutlich aus dem Malaiischen Archipel.

ANBAU ~ Heute wird die Pflanze in Südostasien, auf den Philippinen, in Indien und Westafrika angebaut.

IMPORTE ~ Unregelmäßig.

Einkaufstip

Santols müssen Sie bei Fachleuten kaufen – bei Exotenhändlern, in Asienläden und Geschäften für philippinische Lebensmittel. Es sind keine bekannten Exotenfrüchte. Der adstringierende Geschmack unreifer Früchte ist unangenehm, und wegen der dicken Schale kann man als Laie die Qualität der Frucht nicht beurteilen.

FRUCHT

- Eßbar: Fruchtfleisch.
- Ungenießbar: Schale und Kerne.
- Geruch und Geschmack: eine Mischung aus Grapefruit und Aprikose.
- Größe: wie große Navelorangen.
- Form: kugelförmig und leicht abgeplattet mit Stielansatz wie kleiner Kürbis.
- Schale: gelb oder rot, dick; außen leicht behaart, innen mit weißem, watteartigem Flaum.
- Fruchtfleisch: in 2 bis 3 Segmenten mit Kernen; süß und saftig etwa wie Mango, aber lange nicht so fein, weil leicht adstringierend.
- Reife: Früchte weich.
- Überreife Früchte: beginnen zu faulen.
- Unreife Früchte: hart.

VERWENDUNG ~ Roh als Obst.

VORBEREITUNG ~ Waschen, Frucht aufschneiden oder aufbrechen und die Segmente aus der Schale holen. Kerne im Mund lösen.

AUFBEWAHRUNG ~ Reife Früchte etwa 8 Tage bei Zimmertemperatur.

Sapodilla

Breiapfel, Westindische Mispel, Kaugummibaum

Manilkara zapota

Familie der *Sapotaceae* – Sapotengewächse

engl.: *sapodilla, chico, naseberry*

franz.: *sapotille, nèfle d'Amérique*

Nährwert (pro 100 g):
86 kcal, 361 kJ; 0,5 g Eiweiß, 0,9 g Fett, 19 g Kohlenhydrate

PFLANZE ~ Die Bäume wachsen bis 15 m hoch und werden wegen ihres harten, dauerhaften Holzes, ihres Milchsaftes und ihrer Früchte kultiviert. Der Fruchtstand dieser Beerenfrüchte sieht ähnlich aus wie der Blütenstand bei Rhododendron: kreisförmig angeordnet und umgeben von einem Kranz langer Blätter, die ebenfalls an die unseres Zierstrauches erinnern.

URSPRUNG UND VERBREITUNG ~ Sapodilla, die beste unter den Früchten der verschiedenen Sapotengewächse, stammt aus Mexiko und Mittelamerika. Von dort brachten sie die Spanier nach Asien.

ANBAU ~ Die Bäume werden heute in Mexiko, Südamerika, Florida, Indien und Südostasien kultiviert.

IMPORTE ~ Das ganze Jahr über aus Thailand und Südostasien.

FRUCHT

- Eßbar: Fruchtfleisch und Haut.
- Ungenießbar: Samen.
- Geruch: neutral.
- Geschmack: erinnert an sehr reife Birnen mit Lebkuchenaroma; manchmal so süß, daß es im Hals kratzt.
- Größe: 5 bis 10 cm.
- Form: wie ein großer Avocadokern.
- Gewicht: von etwa 70 g bis 1 kg; bei uns werden in der Regel eher kleine Früchte angeboten.
- Schale: dünn und samtigweich, braun wie Zimt, purpurfarben wie rote Bete oder grasgrün.
- Fruchtfleisch: gelblich oder lachsfarben bis bräunlich, weich, schmelzend und leicht körnig wie bei manchen Birnen; je nach Sorte mit 1 bis 12 flachen, schwarzen Samen; saftig mit wenig Fruchtsäure.
- Reife: Schale hell- oder zimt- bis rotbraun; Früchte weich wie reife Pfirsiche.
- Überreife Früchte: riechen und schmecken verfault.
- Unreife Früchte: grüne Schale; Frucht hart; Fruchtfleisch unangenehm adstringierend, enthält reichlich klebrigen Milchsaft.

VERWENDUNG ~ Roh als Obst, mit Zitronensaft beträufelt.

VORBEREITUNG ~ Früchte waschen, halbieren und die Kerne entfernen.

AUFBEWAHRUNG

- Reife Früchte etwa 2 bis 3 Tage im Kühlschrank.
- Nachreife: bei Zimmertemperatur.

HISTORISCHES ~ Der Milchsaft der Bäume (Chicle) ist als Latex der wichtigste natürliche Grundstoff für Kaugummi. Bereits die Azteken sollen ihn als *chicl zapotl* zu Kaugummi verarbeitet haben.

Satsuma

***Citrus unshiu* Marc.**

Familie der *Rutaceae* – Rautengewächse

engl.: *satsuma*

franz.: *satsuma*

Nährwert (pro 100 g):
46 kcal, 192 kJ; 0,7 g Eiweiß, 0,3 g Fett, 10,1 g Kohlenhydrate

PFLANZE ~ Die Satsuma gehört wie die Tangerine (siehe S. 205) zu den Mandarinen-Varietäten (siehe S. 125). Es gibt mehr als 100 Satsuma-Arten, die sich in Reifezeit, Fruchtform und im Aroma unterscheiden. Die Sträucher wachsen in den Tropen, gedeihen jedoch besser in kühlen subtropischen Klimazonen. Ihre Früchte reifen eher als alle anderen Mandarinen.

URSPRUNG UND VERBREITUNG ~ Dazu gibt es zwei Theorien: Entweder entwickelten sich die ersten Satsumas auf der japanischen Insel Nagashima aus ursprünglich chinesischen Samen, oder es handelt sich um eine spanische Züchtung aus der klassischen Mandarine.

ANBAU ~ Der größte Teil der japanischen Zitrusproduktion entfällt auf Satsumas. Da sich die Früchte nicht gut lagern lassen, versucht man in den Anbauländern – neben Japan auch China und Spanien – Varietäten zu züchten, die früher reifen, so daß sich die Erntesaison verlängert.

Einkaufstip

Wirklich gut schmecken Satsumas erst ab Oktober: Wie alle Zitrusfrüchte brauchen sie zum Reifen einige kühle Nächte, damit sich das Aroma und die schöne Farbe der Schale entwickeln können.

IMPORTE ~ Vorwiegend aus Spanien und der Türkei von August bis Januar.

FRUCHT

- Eßbar: Fruchtfleisch.
- Ungenießbar: behandelte Schale.
- Geruch und Geschmack: Mandarinenaroma, manchmal etwas fad.
- Größe und Form: mittelgroß, am Stiel abgeflacht; nach dem Schälen zeigt sich ein deutlicher Hohlraum in der Mitte.
- Schale: leuchtend rot, oft mit grünlichen Flecken, dünn, etwas ledrig und leicht vom Fruchtfleisch zu lösen.
- Fruchtfleisch: gewöhnlich kernlos, maximal 4 Kerne, orangefarben, zart und saftig, wenig Säure.
- Reife: Früchte leicht zu schälen; können unregelmäßig gefärbt sein.
- Überreife Früchte: Schale beginnt zu faulen.
- Unreife Früchte: Schale läßt sich schlecht ablösen.

VERWENDUNG ~ Wie alle anderen süßen Zitrusfrüchte.

VORBEREITUNG ~ Wie alle anderen süßen Zitrusfrüchte.

AUFBEWAHRUNG

- Reife Früchte etwa 6 Tage bei Zimmertemperatur.
- Satsumas reifen wie alle Zitrusfrüchte nicht nach.

WICHTIGE SORTE

Clausellina (Foto S. 192)

Citrus unshui
Herkunft: Spanien.
Form: rundlich, ohne deutliche Dellen an Stielansatz und Blüte.
Schale: gelb bis blaßorange.
Fruchtfleisch: zart, süß und saftig.
Merkmale: Die Segmente lösen sich nicht ganz so leicht wie bei der Satsuma.
Angebot: Juli bis Januar.
Besonderheit: kommt als erste Sorte auf den Markt.

Schuppenannone

Zimtapfel, Rahmapfel

Annona squamosa

Familie der *Annonaceae* – Schuppenapfelgewächse

engl.: *custard apple, sweetsop*

franz.: *pomme-canelle, annone écailleuse*

Nährwert (pro 100 g):
62 kcal, 261 kJ; 1,5 g Eiweiß,
0,3 g Fett, 13,4 g Kohlenhydrate

PFLANZE ~ Die zierlichen, bis zu 7 m hohen Bäume gedeihen nur im tropischen Tiefland. Wie alle Annonen ist auch der Zimtapfel eine Sammelfrucht wie die Himbeere: zusammengewachsen aus lauter Einzelfrüchten, die man noch als dicke Schuppen auf der Schale und an den 10 bis 15 harten schwarzen Samen im Fruchtfleisch erkennt.

URSPRUNG UND VERBREITUNG ~ Die Pflanze stammt aus der Karibik und den tropischen Regionen Südamerikas. Spanier und Portugiesen brachten sie nach Asien.

ANBAU ~ Annonen wachsen heute überall in den Tropen. Sie brauchen feuchtheißes Klima, viel Bodenfeuchtigkeit und müssen künstlich bewässert werden.

IMPORTE ~ Das ganze Jahr über per Luftfracht vorwiegend aus Thailand und der Karibik.

FRUCHT

- Eßbar: Fruchtfleisch.
- Ungenießbar: Schuppen und Kerne.

Einkaufstip

Annonen werden im Handel unter verschiedenen Bezeichnungen angeboten: Den Zimtapfel erkennen Sie an den dicken Schuppen auf der Schale, Cherimoyas (siehe S. 38) sind ganz glatt, Netzannonen (siehe S. 155) höckerig, und Stachelannonen (siehe S. 200) sehen aus wie große Kiefernzapfen.

- Geschmack: mild-süß bis leicht säuerlich, zimtähnlich.
- Größe und Gewicht: etwa faustgroß.
- Form: rundlich bis herzförmig.
- Schale: weißgrün bis schilfgrün; dick mit deutlich abgesetzten Schuppen.
- Fruchtfleisch: ähnlich wie bei Birnen, doch weicher und cremiger; fest mit den Samen verbunden.
- Reife: Die Schale beginnt sich dunkel zu färben; die Schuppen brechen auf; die Frucht fühlt sich weich und samtig an wie ein reifer Pfirsich.
- Überreife Früchte: Die Schale ist schwarzbraun; die Frucht zerfällt; das Fleisch wird glasig.
- Unreife Früchte: hart mit grüner Schale.

VERWENDUNG ~ Roh als Obst.

VORBEREITUNG

- Waschen und die „Schuppen" rundherum abziehen.
- Die Frucht ganz auf einem Teller mit einem Dessertlöffel anrichten.
- Die Kerne löst man im Mund vom Fruchtfleisch.

AUFBEWAHRUNG

- Ganze reife Früchte maximal 2 Tage im Kühlschrank.
- Nachreife: auf weicher Unterlage in einem eher kühlen Raum.
- Schuppenannonen geben das Reifegas Ethylen ab (siehe S. 247).

Tip für die Küche

Schuppenannonen eignen sich am besten zum Rohessen, weil die Kerne so fest mit dem Fruchtfleisch verbunden sind, daß Auspulen zuviel Arbeit macht. Zum Passieren wiederum ist die Ausbeute an Fruchtfleisch zu gering.

Sharonfrucht

Japanische Aprikose, Chinesische Quitte

Diospyros kaki

Familie der *Ebenaceae* – Ebenholzgewächse

engl.: *sharon persimmon*

Nährwert (pro 100 g):
69 kcal, 290 kJ;
0,6 g Eiweiß, 0,3 g Fett,
16 g Kohlenhydrate

PFLANZE ~ Sharonfrüchte, eine israelische Weiterzüchtung der Kaki (siehe S. 81), sind deren „pflegeleichte" Variante: Sie wachsen erntefreundlich an niedrigen Sträuchern, enthalten weder adstringierendes Tannin noch Kerne, und man kann sie mit der Schale essen.

URSPRUNG UND VERBREITUNG ~ Sharonfrüchte sind nach der Küstenebene Israels benannt. Zu Ursprung und Verbreitung siehe Kaki (S. 81).

ANBAU ~ Die Früchte werden heute außer in Israel auch in Kolumbien, Brasilien, Israel und Spanien angebaut.

IMPORTE ~ Von Oktober bis März aus den Anbauländern. Am besten schmecken die Früchte ab November.

FRUCHT

- Eßbar: gesamte Frucht mit Schale.
- Geruch: neutral.
- Geschmack: eine Mischung aus Quitte und Pfirsich.

Tip

Von einer Sharonfrucht kann man abbeißen wie von einem Apfel, weil sie nicht besonders saftig ist und auch hart schon aromatisch schmeckt.

- Größe und Form: wie eine Kaki; am Stielansatz vier breite, kräftige dunkelgrüne Kelchblätter.
- Schale: orangerot; leicht glänzend; glatt und dünn wie die einer Tomate.
- Fruchtfleisch: in Fächer unterteilt, kernlos; gelborange; süß und knackig.
- Reife: Frucht etwa so weich wie eine reife, aber sehr feste Tomate, süß und knackig, aber nicht besonders saftig.
- Überreife Früchte: geleeartig und schließlich matschig.
- Unreife Früchte: hart.

VERWENDUNG

- Roh als Obst wie Äpfel.
- Für süße und herzhafte Salate.
- Püriert für süße Suppen, Cremes oder Drinks.
- Gedünstet als Kompott.

VORBEREITUNG ~ Früchte waschen.

AUFBEWAHRUNG

- Schnittfeste, reife Früchte 1 bis 2 Tage im Kühlschrank.
- Nachreife: bei Zimmertemperatur.

Einkaufstip

In Supermärkten bekommen Sie fast ausschließlich Sharons. Von Kakis kann man sie so unterscheiden: Die ganze Frucht hat, vom Stielansatz ausgehend, ein oder zwei Längsfurchen, Kakis sind eben. Die Schale der Sharon glänzt, die Kakischale ist eher stumpf und wie mit leichtem Reif überzogen.

Stachelannone

Sauersack, Guanabana

Annona muricata

Familie der *Annonaceae* – Schuppenapfelgewächse

engl.: *soursop, sour apple*

franz.: *corosol épineux, cachiman épineux*

Nährwert (pro 100 g):
105 kcal, 438 kJ; 1,3 g Eiweiß, 0,4 g Fett, 24 g Kohlenhydrate

PFLANZE ~ Die kleinen immergrünen Bäume gedeihen am besten in feuchtheißen Küstenlagen. Sie sind sehr frostempfindlich und wachsen deshalb nur in den Tropen.

URSPRUNG UND VERBREITUNG ~ Die Pflanze, die aus dem tropischen Südamerika stammt, wurde von Spaniern und Portugiesen auch auf anderen Kontinenten verbreitet.

ANBAU ~ Von Brasilien bis Mexiko und auf den Karibischen Inseln, ebenso in Afrika und von Südchina bis Australien.

IMPORTE ~ Unregelmäßig aus Thailand und Südamerika.

FRUCHT

- Eßbar: Fruchtfleisch.
- Ungenießbar: Schale und Samen.
- Geruch und Geschmack: säuerlich-erfrischend.
- Größe: bis Fußballgröße.

Einkaufstip

Stachelannonen gibt es bei uns bisher noch selten. Am besten bekommt man sie bei Händlern aus Thailand und Südamerika oder Fachleuten für Exotenobst.

- Gewicht: bis 2 kg.
- Form: unregelmäßig herz- oder nierenförmig, auch oval.
- Schale: dunkelgrün, mit zahlreichen bis zu 3 cm langen, „weichen" Stacheln bedeckt.
- Fruchtfleisch: elfenbeinfarben, faserig und wollig, mit 60 bis 70 schwarzen harten Samen.
- Reife: Die Schale wird dunkel.
- Überreife Früchte: Die Schale ist schwarzbraun, die Frucht unangenehm weich bis matschig, das Fleisch glasig.
- Unreife Früchte: hart mit grüner Schale.

VERWENDUNG

- Roh als Obst.
- Püriert als Creme oder Getränk.

VORBEREITUNG

- Die Frucht waschen und längs halbieren.
- Die Samen mit einer Messerspitze entfernen, das Fruchtfleisch mit einem Löffel aus der Schale nehmen.

AUFBEWAHRUNG

- Ganze reife Früchte maximal 2 Tage bei Zimmertemperatur.
- Fruchtfleisch pürieren und mit Zitrussaft vermischt einfrieren.
- Nachreife: auf weicher Unterlage in einem kühlen Zimmer.

Tips für die Küche

- *Aufgeschnittene Früchte verfärben sich rasch, deshalb mit Zitrussaft beträufeln.*
- *Zitrussaft rundet auch das Aroma der Früchte harmonisch ab.*
- *Stachelannonen eignen sich besonders gut für Milchmixgetränke.*

Tamarillo

Baumtomate

Cyphomandra betacea

Familie der *Solanaceae* – Nachtschattengewächse

engl.: *tree tomato*

franz.: *tomate d'arbre*

Nährwert (pro 100 g):
43 kcal, 181 kJ; 1,7 g Eiweiß, 0,8 g Fett, 7,4 g Kohlenhydrate

PFLANZE ~ Der immergrüne Baum ist stark verzweigt wie ein Busch, wächst bis zu 5 m hoch und beginnt im zweiten Jahr Früchte zu tragen: Seine 12 bis 15 cm großen rosa Blüten stehen in Büscheln zusammen und entwickeln sich an langen Stielen zu roten Beeren.

URSPRUNG UND VERBREITUNG
Die Wildform kennt man nicht und weiß deshalb auch nicht genau, aus welcher Region Südamerikas die Tamarillo stammt. Da die Bäume am besten in mittleren und hohen Lagen gedeihen, vermutet man die Anden von Venezuela im Norden bis nach Argentinien im Süden. „Tamarillo" wurde die Frucht in den sechziger Jahren von neuseeländischen Züchtern genannt, wohl um sie von der „normalen" Tomate abzugrenzen, mit der sie – auch im Geschmack – nur entfernt verwandt sind.

ANBAU UND ANGEBOT ~ Heute sind die Tomatenbäume überall in den Tropen und Subtropen heimisch. Importe kommen das ganze Jahr über aus Brasilien, Kenia, Kolumbien, Ecuador und Peru. Neuseeland liefert von April bis Oktober, Südafrika von Oktober bis Januar.

Einkaufstip

Tamarillos kommen per Luftfracht, weil sie am besten schmecken, wenn man sie reif pflückt. Sie sind als rote Früchte und etwas mildere gelbe Früchte im Handel. Kaufen Sie keine harten Tamarillos mit glatter, glänzender Haut.

FRUCHT

- Eßbar: die ganze Frucht.
- Geruch und Geschmack: etwa wie eine gepfefferte Tomate, leicht bitter und adstringierend.
- Größe und Form: wie ein Hühnerei, bis zu 9 cm lang.
- Schale: dünn und glatt wie bei einer Tomate, scharlach- bis orangerot bzw. gelb bis gelblich-rot.
- Fruchtfleisch: orangefarben bis gelb, herbsüß bis säuerlich, saftig und fest wie bei Tomaten mit weichen, leicht bitteren Kernen.
- Reife: Die Früchte werden leicht runzelig und fühlen sich an wie vollreife Tomaten.
- Überreife Früchte: unangenehm weich und matschig.
- Unreife Früchte: hart; Geschmack unangenehm adstringierend und ziemlich bitter.

VERWENDUNG

- Roh als Obst zum Auslöffeln.
- Zu Käse und Schinken.
- Für süße und herzhafte Salate.
- Püriert als Dip oder Drink.
- Gedünstet als Kompott.
- Eingekocht für Konfitüren und Chutneys.

VORBEREITUNG ~ Früchte waschen oder abziehen und zerkleinern.

AUFBEWAHRUNG

- Reife Früchte etwa 2 Tage bei Zimmertemperatur.
- Nachreife: bei Zimmertemperatur.

Tips für die Küche

• Tamarillos schmecken besser ohne die bittere Schale: wie Tomaten überbrühen und abziehen.

• Der Geschmack roher Früchte wird durch etwas Zucker oder Salz und durch Zitrussaft noch aromatischer.

• Tamarillos in Kombination mit anderen Früchten oder Gemüse sparsam verwenden, da sie leicht vorschmecken.

Tangerine

Citrus tangerina

Familie der *Rutaceae* – Rautengewächse

engl.: *tangerine, mandarin orange*

franz: *tangerine*

Nährwert (pro 100 g):
46 kcal, 192 kJ; 0,7 g Eiweiß, 0,3 g Fett, 10,1 g Kohlenhydrate

PFLANZE ~ Tangerinen sind wie Satsumas (siehe S. 192) eine von zahlreichen Mandarinen-Varietäten, und zwar die kleinsten von allen. Anders als ihre Verwandten gedeiht sie gut in tropischen Regionen.

URSPRUNG UND VERBREITUNG ~ Vielleicht ist die Pflanze in Marokko zum ersten Mal aufgetaucht, vielleicht über die marokkanische Hafenstadt Tanger verschifft worden und trägt daher ihren Namen. Sicher ist, daß die Sorte „Dancy" von Colonel Dancy 1857 in Florida entdeckt wurde.

Einkaufstip

Helle Tangerinen müssen nicht unreif sein; sie können aus Plantagen mit dichtem Baumbestand stammen. Die intensive Schalenfarbe entwickelt sich bei Sonneneinstrahlung; auf die Qualität der Frucht hat das keinen Einfluß.

IMPORTE ~ Tangerinen werden von Januar bis August aus Israel und Südafrika importiert.

FRUCHT

- Eßbar: Fruchtfleisch.
- Ungenießbar: behandelte Schale.
- Geruch und Geschmack: Mandarinenaroma, doch mit weniger ausgeprägtem Zitrusgeschmack.
- Größe und Form: klein, am Stiel abgeflacht, am Blütenansatz stark eingedellt.
- Schale: kräftig orangerot, feinporig, dünn, glatt und sehr leicht zu lösen, weil sie bei manchen Sorten kaum das Fruchtfleisch berührt.
- Fruchtfleisch: orangerot, kernlos oder arm an Kernen, zart, ziemlich saftig, süß, arm an Säure.
- Reife: Früchte gleichmäßig gefärbt, leicht zu schälen.
- Überreife Früchte: Die Schale beginnt zu faulen.
- Unreife Früchte: Die Schale löst sich schlecht.

Tip

Aus Tangerinenschalen wird der Likör Curaçao hergestellt, und auch bei den „Mandarinen" aus der Dose handelt es sich um Tangerinen.

VERWENDUNG ~ Wie alle anderen süßen Zitrusfrüchte.

VORBEREITUNG ~ Wie alle anderen süßen Zitrusfrüchte.

AUFBEWAHRUNG

- Reife Früchte etwa 6 Tage bei Zimmertemperatur.
- Tangerinen reifen wie alle Zitrusfrüchte nicht nach.

Temple

King Orange

***Citrus reticulata* x *Citrus sinensis* oder**
Cirtus reticulata* x *Citrus paradisi

Familie der *Rutaceae* – Rautengewächse

engl.: *temple orange, temple mandarine*

franz.: *temple*

Nährwert (pro 100 g):
46 kcal, 192 kJ;
0,7 g Eiweiß, 0.3 g Fett,
10,1 g Kohlenhydrate

PFLANZE ~ Temples sind Verwandte der Mandarine (siehe S. 125) und stammen aus den Tropen und Subtropen.

URSPRUNG UND VERBREITUNG ~ Über die Entstehung weiß man nur wenig, sicher ist allerdings, daß es sich um einen Zufall der Natur handelt – einen höchst erfolgreichen, denn die Temple gehört zu den besonders feinen Zitrusarten. Als „Elternpaare" kommen Mandarine und Orange, Mandarine und Grapefruit oder Mandarine und Bitterorange sowie eine weitere Mandarinen-Kreuzung in Frage. Der würzige Geschmack spricht jedoch am ehesten für die Verwandtschaft mit Grapefruit oder Bitterorange. Die ersten Temples sollen um 1800 in Jamaica entdeckt worden sein.

ANBAU UND ANGEBOT ~ Die Früchte werden in Florida, Mexiko, Spanien und Israel angebaut.
Importe von Januar bis Mai vorwiegend aus Israel.

FRUCHT

- Eßbar: Fruchtfleisch.
- Ungenießbar: behandelte Schale.

- Etwas störend: Kerne.
- Geruch und Geschmack: ähnlich wie Clementinen, doch mit etwas mehr Fruchtsäure.
- Größe und Form: größer als die Mandarine, an Stiel und Blüte abgeflacht, jedoch ohne Dellen.
- Schale: kräftig orangerot, großporig und rauh, dünn, nicht ganz so leicht zu lösen wie bei Mandarinen.
- Fruchtfleisch: orangerot, zart, sehr saftig, süß-säuerlich und kräftig; enthält viele Kerne.
- Reife: Früchte gleichmäßig gefärbt, leicht zu schälen.
- Überreife Früchte: Die Schale beginnt zu faulen.
- Unreife Früchte: Die Schale löst sich schlecht.

VERWENDUNG ~ Wie alle anderen süßen Zitrusfrüchte.

VORBEREITUNG ~ Wie alle anderen süßen Zitrusfrüchte.

AUFBEWAHRUNG

- Reife Früchte etwa 6 Tage bei Zimmertemperatur.
- Temples reifen wie alle Zitrusfrüchte nicht nach.

Tip

Wie alle würzig-aromatischen Mandarinenarten mit vielen Kernen eignen sich die Früchte am besten zum Auspressen.

Ugli

Citrus tangerina x *Citrus paradisi* x *Citrus sinensis*

Familie der *Rutaceae* – Rautengewächse

engl.: *ugly*

franz.: *ugly*

Nährwert (pro 100 g):
183 kcal, 44 kJ; 1 g Eiweiß, 0,2 g Fett, 9,5 g Kohlenhydrate

PFLANZE ~ Wie alle Zitrusfrüchte stammen Uglis von immergrünen Bäumen, die – botanisch gesehen – Beerenfrüchte hervorbringen. Der englische Name *ugly* (häßlich) sagt nur die halbe Wahrheit, denn Uglis sind gewiß auch eine der köstlichsten Zitrusfrüchte.

URSPRUNG UND VERBREITUNG ~ Vermutlich entstand die Ugli 1915/16 auf Jamaica durch Kreuzung von Tangerine (siehe S. 205), Grapefruit (siehe S. 63) und Orange (siehe S. 157).

IMPORTE ~ Von Mai bis Juli vor allem aus Jamaica.

FRUCHT

- Eßbar: Fruchtfleisch.
- Ungenießbar: behandelte Schale.
- Geruch und Geschmack: sehr würzig mit dem Aroma süßer Mandarinen, säuerlicher Orangen und herber Grapefruits.
- Größe und Form: wie Grapefruits, bis etwa 16 cm Durchmesser, am Stiel spitz zulaufend, am Blütenansatz eingedellt; nach dem Schälen deutlicher Hohlraum in der Mitte.
- Schale: gelbgrün oder gelbbraun, dick, großporig und rauh, mit Höckern und Runzeln, sehr leicht zu lösen, weil sie das Fruchtfleisch nur lose umschließt.
- Fruchtfleisch: orangegelb, arm an Kernen, zart, sehr saftig, süß-aromatisch.

- Reife: Früchte leicht zu schälen.
- Überreife Früchte: Die Schale beginnt zu faulen.
- Unreife Früchte: Die Schale löst sich schlecht.

VERWENDUNG ~ Wie alle anderen süßen Zitrusfrüchte.

VORBEREITUNG

- Wie alle anderen süßen Zitrusfrüchte.
- Wie eine Grapefruit halbieren und auslöffeln.

AUFBEWAHRUNG

- Reife Früchte etwa 6 Tage bei Zimmertemperatur.
- Uglis reifen wie alle Zitrusfrüchte nicht nach.

Wassermelone

Citrullus lanatus

Familie der *Cucurbitaceae* – Kürbisgewächse

engl.: *watermelon*

franz.: *pastèque, melon d'eau*

Nährwert (pro 100 g):
35 kcal, 146 kJ; 0,6 g Eiweiß, 0,2 g Fett, 8,3 g Kohlenhydrate

PFLANZE ~ Die mit Gurke und Kürbis, Zucchini und Zuckermelone verwandte einjährige Kletterpflanze besitzt große zartgelbe Blüten, aus denen sich mächtige Früchte entwickeln; Wassermelonen können bis zu 20 kg schwer werden. Anders als bei Zuckermelonen (siehe Melone, S. 141) verteilen sich die Kerne – bis zu 1000 an der Zahl – im gesamten Fruchtfleisch.

URSPRUNG UND VERBREITUNG ~ Wassermelonen stammen ursprünglich aus den Steppen im Süden Afrikas, wo sie in subtropischen und tropischen Regionen noch heute wild wachsen und von den Einheimischen gesammelt werden. Mit etwa 95% Flüssigkeitsgehalt dienen sie dort als eine Art „Wassertank".

ANBAU UND ANGEBOT ~ Heute werden Wassermelonen weltweit angebaut: In der Türkei oder in Griechenland sind sie zu einer Art „Nationalobst" avanciert, aus Spanien kommen die ersten Exemplare bereits im Frühjahr, und in Japan hat man sogar samenlose Sorten gezüchtet.

IMPORTE ~ Das ganze Jahr über: Spanien liefert von Ende März bis Ende Oktober mit Hauptsaison von April bis August; Italien ab Ende Juli; die Türkei von Mai bis September; Griechenland von Juni bis September; Zypern von April bis September; Frankreich von Juni bis August; Israel von April bis Juli; Ungarn von Mitte Juli bis September; Ägypten von März bis April.

Einkaufstip

Eine kräftig gelbe Stelle auf der Schale kann Überreife anzeigen: Auf dem Feld färben sich Melonen gelb, wo sie Kontakt mit der Erde haben – je länger, desto intensiver. Bei der aufgeschnittenen Frucht können Sie den Reifegrad leicht feststellen: Je dünner der helle Rand unter der Schale, desto reifer ist sie.

FRUCHT

- Eßbar: Fruchtfleisch.
- Ungenießbar: Schale.
- Besser entfernen: Kerne.
- Geschmack: leicht süß, fruchtig, aber mit wenig Säure; oft etwas fad.
- Gewicht: bis 5 kg.
- Form: rund oder walzenförmig.
- Schale: dick, je nach Sorte gleichmäßig dunkelgrün, leuchtend grün mit gelben Streifen oder grüngelb mit dunkelgrünen Streifen.
- Fruchtfleisch: je nach Sorte intensiv lachsfarben, leuchtend rot oder gelb; mit zahlreichen kleinen schwarzen und weißen Samenkernen; zart, leicht körnig und sehr saftig.
- Reife: Die Früchte klingen dumpf, wenn man mit dem Finger kräftig darauf klopft; eventuell ein leichter gelber Fleck auf einer Seite; Schale leicht glänzend.
- Überreife Früchte: gelbe Stellen, weicher Stiel- oder Blütenansatz.
- Unreife Früchte: klingen beim Klopftest metallisch hell.

VERWENDUNG

- Roh als Obst.
- Roh für süße Gerichte und herzhafte Salate.
- Zu rohem Schinken, Salami und würzigen Käsesorten.
- Püriert als Sorbet.

VORBEREITUNG

- Frucht auf die Arbeitsfläche legen, mit einem langen Messer halbieren und in Segmente zerteilen.

Tips für die Küche

• *Wassermelonen schmecken gekühlt am besten.*

• *Zitrussaft steigert ihr Aroma.*

• *Vor dem Pürieren die Samenkerne mit einer Messerspitze herausholen.*

- Aus der ganzen Frucht Segmente herausschneiden.
- Fruchtfleisch der Segmente mit einem langen dünnen Messer entlang der Schale ohne die helle Innenhaut ablösen.

AUFBEWAHRUNG

- Aufgeschnittene Früchte in Folie gewickelt 2 Tage im Kühlschrank.
- Nachreife: bei Zimmertemperatur.

ACHTUNG ~ Überreife Früchte können Magenverstimmungen auslösen.

Tip

Wassermelonen sind Früchte, die in den Sommer gehören, und die Exemplare aus den ersten Importen erinnern in Geschmack und Aroma stark an Gurken. Mit den durststillenden, herrlich saftigen und aromatischen Früchten aus der Juli- und Augusternte haben sie kaum was gemein.

SORTEN, DIE MAN LEICHT BEKOMMT

Sugar Baby (Foto S. 213)

Herkunft: Spanien, Italien, Türkei, Griechenland, Zypern, Ungarn, Ägypten.
Gewicht: 4 bis 5 kg.
Form: rund oder walzenförmig.
Schale: dunkelgrün.
Fruchtfleisch: leuchtend rot, fest; süß und doch leicht säuerlich.
Merkmal: einfarbige Melone.
Angebot: Ende März bis Ende Oktober.
Besonderheit: Ungarische Wassermelonen dieser Sorte gelten als die besten: süß, saftig und arm an Kernen.

Grimson Sweet (Foto unten)

Herkunft: Italien, Türkei, Zypern, Ungarn.
Gewicht: etwa 4 kg.
Form: rund bis leicht länglich.
Schale: grüngelb, kräftige oder unregelmäßige Längsstreifen.
Fruchtfleisch: lachsfarben bis leuchtendrot, süß und sehr saftig.
Merkmale: gestreifte Melone.
Angebot: Mai bis September.
Besonderheit: meist kernlos.

Zitrone

Citrus limon

Familie der *Rutaceae* – Rautengewächse

engl.: *lemon*

franz.: *citron*

Nährwert (pro 100 g):
38 kcal, 160 kJ; 0,1 g Eiweiß,
0,6 g Fett, 8,1 g Kohlenhydrate

PFLANZE ~ Zitronen sind keine Tropengewächse, sondern brauchen das mildere Klima der Subtropen. Die bis zu 7 m hohen Bäume gehören zu den attraktivsten Pflanzen des Mittelmeerraums: Im tiefgrünen Laub hängen gleichzeitig zarte weiße Blüten, hellgrüne unreife und leuchtendgelbe reife Zitronen.

URSPRUNG UND VERBREITUNG ~ Die Zitrone stammt aus Asien, ihre genaue Heimat kennt man nicht. In Frage kommen der östliche Himalaya, Südostasien oder Südchina. Die Araber lernten sie im 10. Jahrhundert kennen, die Europäer vermutlich erst 200 Jahre später. Trotzdem säuerten europäische Köche noch lange nicht mit den kostbaren Früchten, sondern mit sauren Äpfeln oder Weintrauben. Kolumbus brachte die Früchte bei seiner zweiten Reise 1493 nach Übersee. Der kommerzielle Anbau begann im 19. Jahrhundert in Italien, Spanien, Florida und Kalifornien.

ANBAU UND ANGEBOT ~ Zitronen werden in subtropischen Regionen sämtlicher Kontinente angebaut. Größte Produzenten sind die USA, Italien und Spanien.

IMPORTE ~ Das ganze Jahr über, vor allem aus Spanien und Italien, außerdem aus Türkei, Israel, Zypern, Südafrika und verschiedenen südamerikanischen Ländern.

FRUCHT

- Eßbar: gesamte Frucht mit unbehandelter Schale.
- Ungenießbar: behandelte Schale.
- Besser entfernen: weiße Haut unter der Schale, Kerne.
- Geschmack: sauer.
- Form: oval mit deutlicher Spitze oder kleinem Wulst an Stiel- und Blütenansatz.
- Schale: je nach Sorte dünn oder dick, rauh aus feuchtem Klima, glatt aus trockenen Regionen, je nach Lagerung grün bis gelb; mit zahlreichen Öldrüsen an der Außen- und dicken weißen Haut an der Innenseite.
- Fruchtfleisch: blaßgelb, unterteilt in 7 bis 10 Segmente mit jeweils eiförmigem Kern; saftig bis sehr saftig.
- Reife: Die Früchte glänzen.
- Überreife Früchte: faulen.
- Überlagerte Früchte: Schale stumpf und grün; beim Aufschneiden bräunliche Flecken im Fruchtfleisch.

Einkaufstip

Ein schöner Glanz zeigt die Reife der Früchte an. Die Farbe dagegen sagt nichts über ihre Qualität aus: Auch Früchte mit grünlichen Flecken können reif, saftig und aromatisch sauer sein.

VERWENDUNG

- Saft und Schale (ganze Stücke, abgerieben oder fein geschnitten) für süße und herzhafte Gerichte, zum Backen.
- Scheiben in Fischsuppen und Currygerichten.
- Eingekocht mit Orangen als Marmelade.
- Ausgepreßt für Getränke, Sorbets, Saucen und Suppen.
- In Schnitzen oder Scheiben als Dekoration und Würzmittel für Paniertes und Fritiertes.

VORBEREITUNG

- Die Früchte heiß abwaschen und abtrocknen.
- In Scheiben oder Stücke schneiden.
- Halbieren und auspressen.
- Schale abreiben oder mit einem Sparschäler abschälen.

AUFBEWAHRUNG

- Etwa 14 Tage im Kühlschrank, 8 Tage bei Zimmertemperatur.
- Nachreife: Wie alle Zitrusfrüchte reifen Zitronen nicht nach.

SORTEN, DIE MAN LEICHT BEKOMMT

Primofiori (Foto S. 216)

Herkunft: Italien und Spanien.
Größe: mittel.
Form: oval mit deutlichen Spitzen an Stiel- und Blütenansatz.
Schale: dünn, intensiv gelb.
Fruchtfleisch: gelb, sehr saftig mit feiner Säure.
Angebot: November bis April.
Besonderheit: Eignet sich gut zum Auspressen.

Verna

Herkunft: vorwiegend Spanien, auch Italien.
Größe: mittelgroß bis groß.

Tips für die Küche

• Die Schale kann man nur von unbehandelten Zitronen verwenden (siehe S. 251).
• Zitronen vor dem Auspressen auf der Arbeitsfläche rollen, damit sich der Saft im Fruchtfleisch gut verteilt.
• Wenn man Schale und Saft braucht: die Frucht erst abreiben, danach auspressen.
• Wenn man nur wenige Safttropfen benötigt: die Zitrone mit einer dicken Nadel einstechen.
• Nur gut abgetrocknete Früchte lassen sich leicht abreiben.

Form: oval bis länglich.
Schale: dünn bei mittelgroßen, dick bei großen Früchten, gelb, mit deutlichem Wulst am Stiel- und Spitze am Blütenansatz.
Fruchtfleisch: grünlich-gelb, mit geringer Säure, nicht so saftig wie Primofiori.
Merkmale: meist wenige oder gar keine Kerne.
Angebot: Februar bis August/September.
Besonderheit: eignet sich gut zum Abreiben.

Tip

Die Dicke der Schale hängt von der Sorte, aber auch vom Zeitpunkt der Ernte ab: Je später Zitronen gepflückt werden, desto dicker ist ihre Schale. Als Faustregel gilt: Große, leichte Zitronen haben gewöhnlich viel weiße Innenhaut und wenig Fruchtfleisch, kleine, schwere Früchte dagegen sind meist saftig.

Zuckerpalme

Arenga pinnata (syn. *Arenga saccharifera*)

Familie der *Palmae* – Palmen

engl.: *sugar palm, jaggery* (Produkt)

franz.: *palmier à sucre*

Nährwert (pro 100 g):
Keine Angaben verfügbar.

PFLANZE ~ Die kräftigen Palmen mit steil aufgerichteter Krone werden bis zu 20 m hoch. Ihren Stamm umgeben große Narben von abgestorbenen Blättern und schwarze Fasern, dicht wie Roßhaar und mit Dornen besetzt. Wenn die Bäume nach sieben bis zehn Jahren zum ersten Mal blühen, wandelt sich die Stärke im Stamm in Zucker um und fließt als süßer Saft in die 2,5 m langen Blütenstände. Der Zuckergehalt ist sehr hoch: Palmsaft enthält etwa 15% Saccharose, und eine Palme soll etwa 1800 Liter Saft liefern. Übrigens läßt man Zuckerpalmen keine Früchte tragen: Erstens sterben sie dann ab, und mit der Zuckerproduktion ist es vorbei. Zweitens kann man die Früchte ohnehin nicht essen, weil sie zuviel gesundheitsschädliches Oxalat speichern.

URSPRUNG UND VERBREITUNG ~

In Asien soll die Gewinnung von Palmzucker älter sein als die von Rohrzucker. Die Palmen wachsen wild in einem Gebiet, das sich von Assam in Nordindien über Malaysia bis zu den Philippinen erstreckt, und werden auch in Plantagen gezogen. Der Palmsaft wird u. a. zu Palmwein (Toddy) vergoren und/oder zu Arrak destilliert.

ZUCKERGEWINNUNG

Um Palmzucker zu gewinnen, schneidet man die noch geschlossenen männlichen Blüten der Palmen an, sobald der Saft in die Knospen der Blütenstände strömt, und klopft mit einem Holzscheit dagegen. Dies bewirkt Gewebeverletzungen, die die Saftproduktion in der Pflanze stimulieren. Den aufgefangenen Saft kocht man in einer eisernen Pfanne zu dickem Sirup ein, bis sämtliches Wasser verdunstet ist und die Saccharose zu kristallisieren beginnt. Dann gießt man den Sirup in runde Formen, wo er beim Abkühlen erstarrt. 9 l Saft ergeben etwa 1 kg Zucker. Die runden Scheiben werden über dem Feuer nachgetrocknet und kommen als „Jaggery" oder Palmzucker in den Handel.

Einkaufstip

Echten Palmzucker bekommen Sie in Läden für asiatische und lateinamerikanische Lebensmittel. Er ist sehr teuer; besonders preiswerte Angebote können aus einer Mischung von Palmzucker und eingedicktem Zuckerrohrsaft bestehen.

CHARAKTERISTIK

- Geruch: nach Karamel.
- Geschmack: süß, aber nicht pappig; Palmzucker besitzt aufgrund seiner unterschiedlichen Geschmackskomponenten das feinste Aroma aller Zuckerarten.
- Größe der Scheiben: knapp fingerdick, mit einem Durchmesser von etwa 6 cm.
- Gewicht: etwa 50 g.
- Farbe: wie Milchschokolade bis dunkelbraun mit hellbraunen Flecken.

VERWENDUNG

- Zum Süßen von Tee, Kaffee oder Trinkschokolade.
- Für exotische Drinks.
- Für süße Gerichte (siehe Rezept S. 240) und eingelegte Früchte.
- Für süß-saure Saucen.
- Zum Backen.

VORBEREITUNG ~ Die gewünschte Menge von der Scheibe abbrechen oder mit einem Messer abschaben.

AUFBEWAHRUNG

- Kühl und trocken etwa 2 Jahre.
- Bei Feuchtigkeit kann sich Schimmel bilden. Durch lange Lagerung verliert Palmzucker an Aroma.

Tip

Die beste Palmzucker-Qualität ist weich und hellbraun wie Milchschokolade.

Zuckerrohr

Saccharum officinale

Familie der *Poaceae (Gramineae)* – Süßgräser

engl.: *sugar cane*

franz.: *canne à sucre*

Nährwert (pro 100 g):
Keine Angaben verfügbar.

PFLANZE ~ Das schilfähnliche Gras mit langen, scharfkantigen Blättern kann bis zu 8 m hoch werden. Die Halme sind wie Bambus durch Querrippen verstärkt.

URSPRUNG UND VERBREITUNG

Zuckerrohr stammt ursprünglich aus Südostasien: Vermutlich wird es seit etwa 8000 v. Chr. auf Neuguinea angebaut, 2000 Jahre später soll es auf die Philippinen, nach Indien und Indonesien gelangt sein. Um 500 n. Chr. beschreibt ein hinduistischer Text die Herstellung von Rohrzucker. Im Byzantinischen Reich galt Rohrzucker als Luxusgut aus Indien; durch die arabische Eroberung der Iberischen Halbinsel verbreitete er sich im gesamten Mittelmeerraum. Im 15. Jahrhundert etablierten Spanier und Portugiesen die Zuckerindustrie auf den Azoren, Madeira, den Kanarischen und Kapverdischen Inseln. Kolumbus führte das Zuckerrohr 1493 auf Santo Domingo ein.

ANBAU ~ Die Pflanze, die heute in den Subtropen und Tropen angebaut wird, ist eine Kreuzung aus vier verschiedenen Zuckerrohrsorten mit viel Zucker, aber wenig Abfall.

IMPORTE ~Das ganze Jahr über vorwiegend aus Costa Rica und Kenia.

Tip für die Küche

Für die Saftgewinnung gibt es bei uns noch kein Gerät. Die Zuckerrohrstücke dürfen Sie weder in den Mixer noch in den Blitzhacker geben, denn die harten Fasern blockieren die Messer. Für den Entsafter ist Zuckerrohr zu hart.

CHARAKTERISTIK

- Eßbar: Mark mit einem Zuckergehalt von bis zu 20%.
- Ungenießbar: harte Hülle mit Fasern.
- Geruch: neutral, leicht säuerlich.
- Geschmack: süß und leicht säuerlich mit einem Hauch von Ananasaroma.
- Größe der Stücke: von einer Querrippe zur nächsten, 20 bis 30 cm lang, bis 5 cm Durchmesser.
- Farbe: hell- bis dunkelgrüne, auch violette Hülle, mit gelblichem oder weißem Mark im Innern.

VERWENDUNG ~ Zum Lutschen wie Bonbons.

VORBEREITUNG

- Die äußere holzig-harte Hülle mit einem scharfen Messer abschneiden – ähnlich wie man Spargel schält.
- Die Stange in Scheiben schneiden und diese vierteln.

AUFBEWAHRUNG ~ Ungeschält etwa 14 Tage bei Zimmertemperatur.

ACHTUNG ~ Regelmäßiges Zuckerrohrkauen fördert Karies.

Exotenfrüchte für die Gesundheit

Bis vor kurzem gab es die meisten Exotenfrüchte bei uns vor allem im Winter – als vitaminreicher Ersatz für einheimisches Obst. Inzwischen weiß man, daß Vitamine nur eine Gruppe der vielen Substanzen sind, die unsere Gesundheit fördern, weil sie positiv in den Stoffwechsel eingreifen. Zu diesen Bioaktiv-Stoffen gehören Gerüstbausteine der Pflanzenzellen, Farb-, Aroma- und Geruchsstoffe, Säuren und Öle. Oder Schwefelverbindungen, die aufgrund ihres strengen Geruchs Freßfeinde abschrecken sollen und manchmal genau das Gegenteil bewirken – die prominentesten Beispiele sind wohl Knoblauch und Durian, die weder auf Tiere noch Menschen abschreckend wirken. Bioaktive Stoffe entfalten Wirkungen wie Arzneimittel und helfen so ganz natürlich bei der Abwehr von Krankheiten. Die Idee ist übrigens uralt und geographisch weit verbreitet: Mit Johannisbrot haben die Ägypter der Pharaonenzeit Darmkrankheiten und Augenleiden kuriert. Melonen und Feigen sollten das Herz stärken; eines dieser antiken Herzmittel liest sich wie das Rezept für ein modernes Müsli: Feigen werden mit eingeweichtem Weizenschrot, Honig und Wasser vermischt. Seit jeher gelten Feigen als Laxans, und wo Produkte der Pharmaindustrie nicht jedermann zugänglich sind, verwendet man noch heute Obst als Heilmittel – genau wie die meisten anderen Pflanzen.

ANANAS

Die frischen Früchte können bei einigen Formen von Migräne helfen, weil sie das Eiweiß-Enzym Bromelain enthalten. Sobald bestimmte Proteine an den Nervenenden „andocken" und so schmerzhafte Entzündungen hervorrufen, zerlegt Bromelain diese Ketten von Aminosäuren in die einzelnen Glieder und macht die Proteine unwirksam. Ananas aus Dosen haben diese Wirkung nicht.

AVOCADO

enthält soviel Eiweiß wie kein anderes Obst und wird im Fettgehalt nur von Oliven übertroffen. Ihr Fett ist sehr gesund, weil es zum großen Teil aus Ölsäure besteht, die den Cholesterinspiegel senkt und die Arterien schützt. Bei Cholesterinproblemen empfehlen amerikanische Ernährungsmediziner pro Tag ein halbe Avocado. Die Früchte halten außerdem die Verdauung in Schwung: Eine pürierte Avocado mit etwas Zitronensaft und Apfelessig vermischen und mit Vollkornbrot essen; dabei liefert das Brot die Ballaststoffe, die den Früchten fehlen. Schließlich sorgen Carotinoide in Avocados dafür, daß bestimmte aggressive Sauerstoffverbindungen (freie Radikale) nicht überhand nehmen und Schaden im Körper anrichten. In den Anbauländern werden Avocadoblätter bei Verstauchungen und Prellungen und als Tee für die Nieren genutzt.

BABACO

Die Frucht fördert die Verdauung von Eiweiß, weil sie das Enzym Papain enthält, und wirkt neutralisierend bei zuviel Magensäure. Der hohe Vitamin-C-Gehalt hält den Blutdruck im gesunden Rahmen.

BANANE

Die kaliumreiche Frucht empfehlen Sportärzte zum Aufbau der Muskeln. Pürierte Bananen als Umschlag helfen gegen Halsentzündung, die Schalen von reifen Bananen sollen Migräne lindern und Warzen heilen.

CHERIMOYA

Durch den hohen Gehalt an Traubenzucker liefert die eiweißreiche Frucht rasch verfügbare Energie.

DATTELN

sind wahre Speicher für den schnellen Energiespender Zucker und den Sattmacher Stärke. Frisch und getrocknet gelten sie als Hilfe bei der Verdauung: zweimal pro Tag sechs Früchte essen. Ein Glas warmes Wasser danach soll die Wirkung steigern.

FEIGEN

wirken entzündungshemmend. Frisch enthalten sie eine Schwefelverbindung (Ficin), die rheumatische Beschwerden und Verletzungen wie Muskelzerrungen oder verstauchten Knöchel kuriert. Frisch und getrocknet helfen sie einem trägen Darm bei der regelmäßigen Verdauung.

GRANADILLA ~ siehe *Passionsfrüchte*.

GRANATAPFEL

Kalium und Phosphor sind die wichtigsten Mineralstoffe. Deshalb soll Granatapfelsaft bei hohem Blutdruck nützen. Phosphor bildet einen wesentlichen Baustein der Knochensubtanz.

GRAPEFRUIT

Über den Extrakt von Grapefruitkernen werden mittlerweile wahre Wunderdinge berichtet. Er soll bei Allergien helfen, Magen und Darm gesund halten, das Immunsystem stärken, Bakterien und Pilze bekämpfen. Die Schale der Frucht kuriert den nervösen Magen und Verdauungsbeschwerden: Mit einem Sparschäler so dünn abschneiden, daß die weiße Haut an der Frucht bleibt. Die gelben Schalenteile auf einem Tuch ausbreiten und trocknen lassen. Sobald sie schrumpelig und hart sind, kann man sie in einem Schraubglas aufbewahren. Bei Bedarf einen knappen Teelöffel davon kauen und dabei richtig auslutschen. Frisch gepreßter Grapefruitsaft ist vermutlich Mittel gegen Viren. Nach amerikanischen Untersuchungen senken Grapefruit-Ballaststoffe den Cholesterinspiegel und sollen sogar Ablagerungen in den Arterien wieder auflösen. Hier hilft der Saft allein übrigens nicht; Sie müssen die ganze Frucht essen, einschließlich der Häutchen zwischen den Segmenten.

GUAVE

gehört zu den Vitamin-C-reichsten Früchten und wird dabei nur noch von der Acerola übertroffen. Am meisten Vitamin enthält das äußere Fruchtfleisch reifer Guaven. Vitamin C ist einer der wichtigsten Bioaktiv-Stoffe; es wirkt gegen Infektionen und verhindert als Antioxidans, daß zu viele aggressive Sauerstoffverbindungen (freie Radikale) dem Körper Schaden zufügen. Außerdem liefern Guaven reichlich Kalium und sind deshalb gut für alle, die auf Salz im Essen mit hohem Blutdruck reagieren. Guavenblätter als Tee helfen gegen Durchfall und Bauchschmerzen.

JACKFRUCHT

Ihr Fruchtfleisch liefert nicht besonders viel Vitamine, aber reichlich Kohlenhydrate und Zucker und ist deshalb ein wichtiger Energiespender. Das gilt auch für die Samen, die zusätzlich noch viel Eiweiß enthalten. Damit man das Eiweiß auch verwerten kann, müssen die Samen gekocht oder geröstet werden, denn bestimmte Substanzen (Protease-Inhibitoren) in den rohen Samen hemmen die Proteinaufnahme.

JOHANNISBROT

Das Kauen der Schoten lindert Durchfall, Schleimstoffe bringen den Darm wieder in Ordnung, Zucker liefert Energie. Johannisbrot ist auch Bestandteil von Hustentee.

KAKI

In der chinesischen Medizin gilt Kaki als Mittel gegen Husten und leicht erwärmend: Man friert reife Kakis ein und ißt sie im Winter eiskalt. Kakis und Sharons gehören zu den Früchten mit dem höchsten Gehalt an Beta-Carotin als Vorstufe von Vitamin A und Schutz vor krebserregenden, aggressiven Sauerstoffverbindungen (freie Radikale).

KATUSFEIGEN

Die vitaminreichen Blätter der Frucht ißt man in Mexiko als Salat und Gemüse. Sie sollen beim Abnehmen helfen.

KARAMBOLE

Sie enthält Vitamin C und Beta-Carotin als Vorstufe zu Vitamin A. Oxalsäure in grünen Früchten kann für Menschen mit Nierenfunktionsstörungen gesundheitsschädlich sein.

KIWANO

gehört zu den Früchten mit relativ viel Eisen, das der Körper gut aufnehmen kann. Denn das Fruchtfleisch enthält auch Vitamin C, und das brauchen wir, um Eisen aus Pflanzen überhaupt verwerten zu können.

KIWI

Wie Guaven sind Kiwis aufgrund des hohen Gehaltes an Kalium wichtig für die Ernährung. Nach amerikanischen Untersuchungen ist der Kalium-Gehalt noch um 25 % höher als in der Banane. Dieser Mineralstoff ist einer der wirksamsten Blutdruck-Senker, weil er dem Körper Wasser entzieht. Nach italienischen Untersuchungen können Bluthochdruck-Patienten auf Medikamente verzichten, wenn sie lange und regelmäßig kaliumreiches Obst und Gemüse essen. Kiwi-Dessert nach einem schweren Essen hilft bei der Verdauung, weil die Früchte genau wie Ananas oder Papayas ein Eiweiß-Enzym enthalten.

KUMQUATS

sind ein gesunder Fernseh-Snack: aromatisch und Vitamin-C-haltig wie Orangen, doch leichter zu essen, reich an Beta-Carotin und viel kalorienärmer als Erdnüsse oder Chips.

LITSCHI

Die Früchte werden in der chinesischen Medizin gegen Magenschmerzen und Zahnweh eingesetzt. Der Vitamin-C-Gehalt liegt etwa so hoch wie bei Grapefruit.

LONGANS

enthalten viel Kalium und wirken nach der chinesischen Medizin bei Schwäche, Schlaflosigkeit und Nervosität.

LOQUAT

soll harntreibend und belebend wirken. Sicher ist, daß die Carotinoide in den orangeroten Früchten Krebshemmer sind.

MANGO

Sie gehört zu den Früchten mit besonders hohem Beta-Carotin-Gehalt und wirkt deshalb vorbeugend gegen Krebs: Das Vitamin stärkt unser Immunsystem und unterstützt es bei der Produktion von „Killerzellen". Zudem schützt es vor Herzkrankheiten, weil es das „gute" HDL-Cholesterin erhöht. Außerdem fördern Mangos die Verdauung: Wenn auf Reisen Magen und Darm aufgrund des ungewohnten Essens streiken, kann eine frische Frucht helfen.

MANNA

wirkt leicht abführend und wird in der Kinderheilkunde als sanftes Laxans verabreicht.

MARACUJA ~ siehe *Passionsfrüchte*.

MELONE

Grüne und gelbe Melonen wie Charentais und Honigmelonen enthalten eine Substanz, die das Blut dünner macht und besser fließen läßt. Das ist wichtig für Menschen, die Probleme mit Herz und Kreislauf haben. Melonen mit orangefarbenem Fruchtfleisch liefern Carotinoide, die unser Immunsystem stärken. Alle Melonen fördern die Verdauung; bereits das Viertel einer Frucht regt die Darmperistaltik an.

ORANGE

Sie liefert so ziemlich alles, was unser Organismus zur Abwehr schädlicher Stoffe braucht, ob sie nun natürlicherweise durch den Stoffwechsel entstehen oder durch ungesunde Lebensweise von außen kommen: Carotinoide hemmen die Krebsentstehung in allen Entwicklungsstadien, Vitamin C stärkt das Immunsystem, Flavonoide bilden einen Schutz vor Herz- und Kreislaufleiden, der Ballaststoff Pektin in Fruchtfleisch und Häutchen zwischen den Segmenten senkt das schädliche LDL-Cholesterin und hilft bei der Verdauung, Kalium reguliert den Blutdruck. Amerikanische Wissenschaftler schreiben frisch gepreßtem Orangensaft sogar eine positive Wirkung auf die männliche Fruchtbarkeit zu.

PAPAYA

Der Name kommt vom karibischen Indianerwort „apapai" und bedeutet „Baum der Gesundheit" – Hinweis auf den hohen medizinischen Wert der Papaya. Die Frucht wird in den Tropen zum Frühstück und als Dessert gegessen, weil sie leicht abführend und verdauungsfördernd wirkt; besonders unreife Früchte und Blätter liefern das Eiweiß-Enzym Papain, mit dem Medikamente gegen Verdauungsstörungen hergestellt werden. Papayas enthalten reichlich antikanzerogenes, zellschützendes Vitamin C und Beta-Carotin, außerdem Terpene, Aromastoffe, die ebenfalls als wichtige Antikanzerogene gelten. Die Früchte sollen den „Kater" beseitigen, die Kerne setzt man in Asien als Mittel gegen Darmparasiten ein.

PASSIONSFRÜCHTE

enthalten etwa soviel Vitamin C wie eine Orange und vermutlich Substanzen, die beruhigen: Der Saft soll den Blutdruck senken und den Schlaf fördern. Tee von Blättern und/oder Blüten verschiedener Passionsblumen wird in der Naturheilkunde bei Nervosität, Rheuma und Krämpfen eingesetzt. In den gelben Passionsfrüchten Granadilla und Maracuja sorgen Schwefelverbindungen für eine bessere Verdauung, weil sie die Produktion von Speichel und Magensaft anregen. Maracujadrink als Aperitif oder Granadillasauce zum Dessert passen deshalb gut zu einem umfangreichen und kräftigen Menü.

PHYSALIS

zählen zu den Früchten mit beachtlichen Mengen an Beta-Carotin und Vitamin C. Außerdem sind sie reich an Phosphor und Eisen.

POMELO

Neben viel Vitamin C und Kalium enthält sie reichlich Säuren, die unsere Magensäfte zum Fließen bringen und damit den Appetit anregen. Ihre Bitterstoffe fördern den Fluß der Gallensäuren und erleichtern so die Verdauung.

POMERANZE

Schalen und unreife Früchte regen die Bildung von Magensaft an und fördern so den Appetit. Ein Schnapsglas mit Wasser und einigen Tropfen Pomeranzentinktur aus der Apotheke etwa 30 Minuten vor dem Essen läßt die Verdauungssäfte fließen und wird von manchen als alkoholfreie Alternative zu einem Gläschen Sherry genossen.

SAPODILLA

enthält Phenolsäuren, die gegen zahlreiche krebserregende Umweltgifte wirken. Diese Stoffe konzentrieren sich in Schale und dem Fruchtfleisch direkt darunter. Und sie nehmen beim Lagern rasch ab.

TAMARILLO

ist reich an Carotinoiden, die das Wachstum der Leukozyten fördern und die Killerzellen im Organismus gegen Krebserreger aktivieren.

TANGERINE

Tee von Tangerinenschalen hilft gegen Gliederschmerzen bei Erkältungen.

WASSERMELONE

Ein Stückchen davon zum Dessert hilft gegen Blähungen nach schwerem Essen. Wassermelonen enthalten Lykopene für ein starkes Immunsystem und Substanzen, die leichte Entzündungen lindern.

ZITRONE

Wie Limetten enthält sie Terpene als wichtige Krebshemmer: Die Früchte aktivieren Entgiftungsenzyme in Leber und Dünndarm. Zitronensaft läßt Zahnschmerzen verschwinden: Einen Wattebausch mit frisch gepreßtem Saft tränken und auf den wunden Zahn oder so nah wie möglich plazieren. Die weiße Innenhaut der Schale hemmt das Wachstum schädlicher Keime und stoppt Zahnfleischbluten: Das Zahnfleisch täglich eine Minuten mit der Schale einreiben. Achtung: Zitronensäure schädigt den Zahnschmelz. Deshalb sollte man auch bei Erkältung und Halsentzündung keine Zitronenscheiben kauen. Lieber den Saft auspressen und in heißem Honigwasser trinken.

Kochen mit Exoten

Dort, wo sie wachsen, werden die meisten Exoten roh gegessen: Papayas, Mangos und Orangen stehen in Hausgärten des Südens wie bei uns Apfel- und Birnbäume. Viele Früchte wachsen auch wild, die Kinder pflücken sie beim Spielen, die Erwachsenen als Snack in Arbeitspausen. Obst gibt es als Abschluß der Mahlzeit in einer großen Schale, eventuell auf gestoßenem Eis. Es wird nur selten zubereitet, und deshalb findet man in den meisten asiatischen und pazifischen Kochbüchern kaum Rezepte mit exotischem Obst. Litschi zum Beispiel, eine typisch chinesische Frucht und dort seit Jahrhunderten bekannt, taucht als Rezeptzutat weder in der „Speisenliste des Gartens des Beliebens", einem kleinen Kochbuch des 18. Jahrhunderts, noch in einem Buch über die höfische Küche der Ch'ing-Dynastie (1644–1922) auf. Dabei gehört sie zu den Früchten, die in die Verbotene Stadt geliefert wurden. Und Kakis, die Lieblings-Herbstfrüchte der Japaner, sind frisch und ohne Zusatz bereits die Nachspeise. Rezepte gibt es für getrocknete Kakis: In einem Salat mit weißem Rettich, grünen Bohnen, dunklen Shiitake-Pilzen und weißem Dressing ergänzen sie mit Möhren das Spiel von Farben und Formen, das Japaner auch beim Essen so lieben.

Selbstverständlich wird mit Obst auch gekocht und gebacken: Up-Side-Down-Cakes mit frischer Ananas sind aus der pazifischen Küche in die USA gewandert und haben den europäischen „versunkenen" Obstkuchen den Rang abgelaufen: Das Prinzip ist dasselbe – Rührteig mit Früchten –, nur die gestürzten Kuchen schmecken saftiger und durch den Palmzucker viel raffinierter. Saure und/oder unreife Früchte kommen als Curry oder Suppe, Pickles oder Chutney auf den Tisch. Wenn der Sturm die Papayabäume vorzeitig „aberntet", wickelt man die Früchte in Zeitungspapier zum Nachreifen. Doch was zu grün vom Baum gefallen ist, kocht man zu Kompott; in Brasilien am liebsten aus grünen Feigen oder Mangos. Nur grüne, unreife Guaven meidet man, weil sie als unverträglich gelten. Die rotfleischigen Guaven kocht man zu „Goiabada", dickem, schnittfestem Gelee. Mit weißem, mozzarellaähnlichem Käse serviert, ist es als „Romeo und Julia" das Lieblingsdessert der Brasilianer.

Überall bereiten die Frauen feine Gelees aus Früchten als preiswertes und praktisches Hausmacher-Konfekt; man kann es in den Vorrat nehmen und die Lust auf Süßes immer stillen. Tutty Wilpernig hat mir von einem indonesischen Konfekt erzählt: Durian wird eingekocht, bis sie ganz dick ist. Das Mus streicht man auf Wachspapier wie Karamellen und läßt es trocknen. Mich erinnert es an Quittengelee, das es in unserer Familie traditionell zu Weihnachten gab. Ein weiterer süßer Hit in Tuttys Familie: Gekochten Klebreis mit roher Durian belegen und mit geschmolzenem braunen Palmzucker übergießen. Zum Tee ißt man Reisklöße, gefüllt mit Stückchen vom Palmzucker, der noch flüssig ist, wenn man sie ganz in den Mund steckt.

Den wohl ungewöhnlichsten Salat hat mir Zenaida Panganiban aus Manila beschrieben: Junge Kokosnuß mit noch weichem, gallertartigen Fleisch wird mit Ananas, Salaks und Jackfrüchten vermischt. Dazu kommen sehr klein gewürfelter würziger Schnittkäse, Kokosmilch, Rosinen und Pfefferminzblätter.

Ein Winteressen aus dem Iran – dort etwa so beliebt wie bei uns Grünkohl mit Grützwurst – ist Ente mit Walnüssen in Granatapfelsaft. Sie gehört zu den köstlichsten Kalorienbomben, die ich jemals auf meinem Teller hatte.

EIN PAAR TIPS ZU KAUF UND KÜCHE

- Die meisten Exoten sind nicht billig; sie werden noch nicht von großen Fruchthandelskonzernen vermarktet und in Supermarktketten angeboten, die Preise kontrollieren können. Viele Früchte – vor allem in Südamerika, Asien und Afrika – werden in kleinen Betrieben angebaut und bei uns von Einzelhändlern verkauft. Die Arbeit, die hinter Anbau, Ernte, Transport und Pflege der Ware steckt, kostet natürlich ihren Preis. Erfahrungsgemäß lohnt er sich jedoch, denn bei den Händlern, die aus den Exotenländern kommen und/oder ihre Ware wirklich kennen, werden Sie richtig beraten und bekommen gutes Obst.

- Unbekannte Exoten nicht nur einmal, sondern öfter probieren. Dann erst entwickelt sich ein Gefühl für die Frucht, sie wird Ihnen so vertraut wie unser einheimisches Obst. Sie erkennen die Geschmacksnuancen der verschiedenen Sorten, den unterschiedlichen Reifegrad und eventuelle Qualitätsmängel – genau wie Sie ja wissen, daß es Apfelsorten gibt, die nur nach Zuckerwasser schmecken, daß ein harter Pfirsich unreif und eine mehlige Birne überlagert ist.
- Verlassen Sie sich beim Kauf auf Ihre Sinne: Mangos, Guaven, Melonen, Ananas und viele andere Exoten duften wie ein ganzer Obstkorb. Wenn Ihnen beim Schnuppern an der Frucht das Wasser im Mund zusammenläuft, können Sie sie kaufen.
- Die Reife nicht mit dem Daumen, sondern mit der ganzen Hand prüfen. Druck hinterläßt auf empfindlichen Früchten einen schwarzen Fleck, der rasch fault. Wenn Sie die Frucht aber in die Hand legen und leicht die Finger drum schließen, spüren Sie die Reife: weiche Haut, weiches Fruchtfleisch unter der Schale und den Hauch sanfter Wärme, den reife Früchte ausstrahlen.
- Zum Nachreifen brauchen viele Exoten einen eher kühlen Raum, z.B. die ungeheizte Küche. Das Schlafzimmer kann im Winter zu kalt sein, wenn man immer mit offenem Fenster oder offener Balkontüre schläft. Außerdem stört der intensive Geruch, den manche Exoten verbreiten.
- Waschen ist wichtig, auch bei Obst, das Sie schälen. Denn was auf der Schale haftet, wandert beim Schälen auf Ihre Finger und dann auf das Fruchtfleisch. Mit lauwarmem Wasser lösen sich Schmutz, Bleirückstände und die dünne Wachsschicht, die Obst konserviert.
- Falls die geschälte und/oder aufgeschnittene Frucht nun doch nicht reif ist, kann sie dennoch schmecken. Selbst Melone mit Schinken war mal eine kulinarische Notlösung für unreifes Obst: Was nicht süß genug fürs Dessert oder Sherbet war, servierte man eben herzhaft mit den lange Zeit teuren Gewürzen Pfeffer und Salz. Allmählich wurde daraus eine Vorspeise mit dem edelsten Stück vom Schwein oder besonders feiner Salami. In vielen tropischen Ländern bekommen Sie auch Papayas mit Salz und Pfeffer, stippt man Mangostreifen in scharfes Sambal. Viele Früchte eignen sich für herzhafte Zubereitungen.

Rezepte

für 4

MEXIKANISCHE SUPPE MIT AVOCADO
Von Guillermina Schröder-Roman

1 reife, aber feste Avocado (Fuerte oder Ettinger)
100 g Radieschen
1 rote Peperoni
1 Bund Schnittlauch
1 Limette
$^{3}/_{4}$ l Gemüsebrühe
Salz und Pfeffer

Avocado halbieren, den Kern herauslösen. Die Hälften schälen und würfeln. Radieschen waschen und ebenfalls würfeln. Peperoni waschen, von Scheidewänden und Kernen befreien und in feine Streifen schneiden. Schnittlauch waschen und fein zerkleinern, die Limette vierteln. Alle diese Zutaten in einzelnen Schälchen anrichten. Die Brühe erhitzen, mit Salz und Pfeffer abschmecken und in gut vorgewärmte Suppentassen füllen.

„Caldo Xochitl" gibt es als leichte Suppe vorweg. Vom zerkleinerten Gemüse nimmt jeder selbst bei Tisch und gibt es in die heiße Brühe.

PAPAYA-ANANAS-COCKTAIL
Nach Arnoldo da Silva-Pereira

1 Tasse Papayawürfel
1 Tasse Ananaswürfel
1 $^{1}/_{2}$ Tassen Orangensaft
3 EL Limettensaft
$^{1}/_{4}$ TL gemahlene Vanille
2 Tassen eiskaltes Wasser
Honig nach Geschmack
Eiswürfel

Papaya, Ananas, Orangen- und Limettensaft und Vanille im Mixer pürieren. Nach und nach das Wasser zugießen. Den Cocktail mit Honig süßen, in gut gekühlte Gläser füllen und mit einigen Eiswürfeln servieren. Mit einer Blüte oder Limettenscheibe garnieren.

Dick und sämig sollen Obstdrinks in Brasilien sein, nicht so dünn wie Limonade. Man bekommt die Frucht- oder Milchcocktails an Imbißbuden und in Eisdielen als gut gekühlte, flüssige Zwischengerichte.

für 4

MANGOSALAT
Nach Zenaida Panganiban

200 g Sojasprossen
2 feste Mangos (Haden oder Kent)
2 große Tomaten
1 kleine Zwiebel
1 Stengel Zitronengras
2 TL Sojasauce
Salz
weißer Pfeffer
eventuell 1 EL gehackte Erdnüsse zum Bestreuen

Sojasprossen in eine Schüssel geben, mit kochendem Wasser begießen und 10 Minuten zugedeckt stehen lassen. Sprossen abgießen, abtropfen und abkühlen lassen. Mangos schälen, das Fruchtfleisch vom Kern schneiden und in Streifen schneiden. Zwiebeln abziehen und fein hacken, Tomaten waschen und würfeln. Das Zitronengras waschen, den weichen, hellen Teil fein hacken. Sojasprossen, Tomaten, Zwiebel und Zitronengras mischen und mit Sojasauce, Salz und Pfeffer würzen. Zum Schluß die Mangos unterheben. Nach Belieben mit gehackten Erdnüssen bestreuen.

Zenaida Panganiban stammt aus Manila. Von ihr habe ich eine ganze Reihe philippinischer Rezepte bekommen – viele aus dem Repertoire ihrer Großmutter, wie dieser fruchtige Vorspeisensalat. Zenaida schenkte mir sogar eine Manila-Mango zum

Probieren, die sie tags zuvor aus ihrer Heimat mitgebracht hatte. Diese kleinfrüchtige Sorte mit gelber Schale gilt unter Experten als die beste Mango, ist bei uns aber kaum zu finden.

ENTE MIT GRANATAPFELSAFT UND WALNÜSSEN
Von Maryam Rahnama

1 junge Ente (ca. 2 kg)
2 Zwiebeln
5 Granatäpfel
250 g fein gemahlene Walnußkerne
Salz
1 EL Öl
1 Limette

Ente innen und außen kalt abspülen, in Flügel, vier Keulenstücke und Brüste teilen und zugedeckt in den Kühlschrank stellen. Aus Hals und Rücken mit einer halben Zwiebel und 1 l Wasser eine Brühe kochen.

Die Granatäpfel auspressen und bei starker Hitze so dick wie Sahne einkochen. Die Walnüsse und 1/2 Teelöffel Salz untermischen und alles bei schwächster Hitze etwa 2 Stunden kochen lassen, bis das Öl aus den Nüssen oben schwimmt.

Inzwischen die restlichen Zwiebeln fein hacken. Die Entenstücke mit Salz einreiben und im heißen Öl bei starker bis mittlerer Hitze rundherum goldbraun anbraten. Herausnehmen und die Zwiebeln bei schwacher Hitze glasig braten.

Brühe durch ein Sieb gießen und 1/4 l zum Schmoren der Ente abmessen. Den Rest für die Granatapfelmischung nehmen. Ente wieder in den Schmortopf geben, die Hälfte der abgemessenen Brühe zugießen, den Bratensatz damit lösen und die Ente 1 Stunde schmoren. Immer wieder Brühe nachgießen.

Die restliche Brühe nach und nach zur Granatapfelmischung gießen und alles bei schwacher bis mittlerer Hitze kochen. Die Mischung zu den Entenstücken geben, alles vorsichtig mischen und noch einmal 30 bis 45 Minuten garen, bis das Fleisch weich ist. Mit dem Limettensaft und eventuell Salz abschmecken und sehr heiß mit frisch gekochtem Reis servieren.

Meine Freundin Maryam Rahnama stammt aus Teheran und lebt schon sehr lange in Stratford-upon-Avon. Wie fast alle IranerInnen im Ausland kocht sie nur persisch – abgesehen von ihrem wunderbaren und waschechten englischen Breakfast! „Khoresht-e Fesenjûn" schmeckt am besten mit frisch gepreßtem, eingekochten Granatapfelsaft und Entenbrühe. Alternativen sind fertig gekaufter Grenadine und Hühnerfond aus dem Glas. Während die Brühe kocht, läßt man Nüsse und Granatapfelsaft schwach kochen, bis das Öl aus den Nüssen oben schwimmt. Erst dann kann man die Ente darin fertig garen. Wer Ente nicht mag, nimmt Huhn oder Lamm – auch das ist typisch.

GEFÜLLTE SCHWEINELENDE
Von Iris Zalszupin

1 Schweinelende
2 reife Mangos (Haden, Kent oder Tommy Atkins)
1 Glas trockener Weißwein
2 Knoblauchzehen
1 kleine Zwiebel
Saft von 1/2 Limette
1 TL Salz
1 TL frischer, geriebener Ingwer
2 reife Karambolen
1 Kugel Mozzarella (125 g)
10 Trockenpflaumen ohne Stein
etwas Pfeffer aus der Mühle
3 frische Lorbeerblätter
Butter oder Öl zum Bestreichen
3–4 EL trockener weißer Portwein oder Madeira

Das Fleisch der Länge nach mit einem scharfen Messer tief ein-, aber nicht durchschneiden und aufklappen. Mango schälen, Fruchtfleisch von den Kernen schneiden und im Mixer pürieren. Mit dem Wein kurz aufkochen und durch ein feines

Sieb streichen. Knoblauch durch die Presse drücken, Zwiebel ganz fein zerkleinern, Lorbeerblätter hacken. Alles mit dem Mangopüree verrühren, Limettensaft, Salz und Ingwer untermischen. Lende damit bestreichen, Fleisch zusammenklappen und zugedeckt im Kühlschrank 3 Stunden ziehen lassen.

Die Marinade vom Fleisch streifen und in einer Schüssel zum Schmoren beiseite stellen. Die Lende wieder aufklappen. Karambolen und Mozzarella in Scheiben schneiden und abwechselnd mit den Trockenpflaumen auf das Fleisch legen. Lende zum Rollbraten formen und mit Küchengarn binden. In eine ofenfeste Form legen, mit flüssiger Butter oder Öl bestreichen und mit der Marinade umgießen. Im vorgeheizten Backofen bei 220 °C etwa 40 Minuten schmoren.

Fleisch auf eine vorgewärmten Platte, mit Alufolie bedeckt warm halten und vor dem Anschneiden 10 bis 15 Minuten ruhen lassen. Schmorflüssigkeit aufkochen, mit Portwein oder Madeira abschmecken.

Iris Zalszupin kommt aus Curitiba südlich von São Paulo. Ich habe sie als exzellente Köchin kennengelernt, die immer neue Rezepte entwickelt. Eines davon ist diese Lende mit Exotenfrüchten und cremiger Käsefüllung. Iris schneidet das Fleisch auf beiden Seiten der Länge ein, so daß es beim Aufklappen eine große Platte bildet, die man leicht füllen und rollen kann.

GEFÜLLTE DATTELN
Nach Jane Grigson

Frische Datteln von der Haut befreien und entkernen. Doppelrahmfrischkäse oder ungesalzenen Ricotta mit Orangenlikör und abgeriebener Orangenschale mischen und in die Datteln füllen. Die Früchte zusammendrücken und in einer Mischung aus frisch geraspelter Kokosnuß und fein gehackten Pistazienkernen wälzen.

Jane Grigson gehörte neben Elizabeth David zu den großen Frauen der englischen Kochbuchliteratur. Kochen und Essen waren für sie wichtige Kulturthemen, die sie in Zeit und Raum führten. In ihrem „Fruit Book" von 1982 trennt sie nicht scharf zwischen Exoten und traditionellem Obst; sie behandelt Früchte wie Feijoa oder Rambutan, die man damals bei uns höchstens auf Bestellung bekam.

KOKOSMILCH

500 Gramm ausgelöstes Fleisch von einer frischen Kokosnuß in Stücke brechen und mit $^1/_4$ Liter lauwarmem Wasser im Mixer pürieren. Ein Sieb mit einem Küchentuch auslegen, das Sieb über eine Schüssel legen. Kokospüree ins Sieb geben und mit Hilfe des Tuches möglichst fest ausdrücken. Die abfließende Milch verwenden, die ausgepreßten Flocken eventuell mit $^1/_2$ Liter heißem Wasser übergießen und noch einmal auspressen. Eine Kokosnuß ergibt etwa $^1/_8$ Liter dickflüssige Kokosmilch und noch etwa $^1/_4$ Liter dünne Milch.

Die Milch aus der „ersten Pressung" ist dick wie Sahne und die hocharomatische Ingredienz festlicher Curries aus Südostasien.

für 4

JAVAÄPFEL MIT GEWÜRZTEM PALMZUCKER
Von Tutty Wilpernig

200 g Palmzucker
2–5 rote Chilischoten
1 TL Tamarindenmark ohne Kerne
$^1/_4$ TL Salz
2–3 EL Wasser
1 EL geröstete Erdnußkerne
10 Javaäpfel

Palmzucker in Stücke brechen, Chilischoten von Stiel, Kernen und Trennwänden befreien. Beide Zutaten mit Tamarinde, Salz und soviel Wasser im Mörser fein zerreiben, bis der Zucker bröselig ist. Die Erdnüsse zugeben und grob zerkleinern. Die

Javaäpfel waschen, wie Äpfel vorbereiten und in Stücke schneiden. In Dessertteller geben und mit der Zuckermischung bestreuen.

Tutty Wilpernig aus Java serviert die Äpfel an heißen Sommertagen als Imbiß. Statt Javaäpfeln nimmt sie auch unreife Karambolen, grüne Mangos oder Papayas: „Der gewürzte Zucker schmeckt nur zu festen, harten Früchten. Mit weichem Obst vermischt er sich zu einem süßscharfen Mus ohne Charakter."

ZWEIMAL EXOTEN-KONFEKT
Von Wilhelmine Raabe

Nummer eins

Getrocknete Sauerkirschen und kandierten Ingwer fein hacken und mit hellem oder dunklem Nougat verkneten. Jeweils zwei Stückchen luftgetrocknete Papaya damit gefüllt zusammensetzen. Zuerst in flüssige weiße Schokolade tauchen, dann in gehackte Pistazienkerne stippen.

Nummer zwei

Rumrosinen mit Zimtpulver, einigen Tropfen Rosenwasser und Marzipanrohmasse verkneten. Je zwei luftgetrocknete Mangostreifen damit gefüllt zusammensetzen und in flüssige Edelbitter-Schokolade tauchen.

Wilhelmine Raabe betreibt mit ihrem Mann Karl-Heinz ein Fachgeschäft für Exoten nahe dem Münchner Viktualienmarkt. Der Laden ist ein reines Vergnügen für die Sinne: Die Farbenpracht von Früchten, Gemüse, Kräutern und Blumen verschönt sogar düstere Herbst- und verregnete Sommertage, es duftet, als säße man mitten im Obstkorb. Zum Kosten gibt es noch frisch gepreßte Säfte und Konfekt, das Wilhelmine selber macht. Zu lernen gibt es ebenfalls eine ganze Menge: die Raabes sind Experten, weil sie viele Früchte aus den Anbauländern selbst kennen. Und sie lassen ihre Kunden bereitwillig an diesem Wissen teilhaben, beraten vorzüglich und helfen auch bei der Vorbereitung so komplizierter Dinge wie Jackfrucht.

für **4**

GEBACKENE MISPELN

3 EL Korinthen
je 2 EL gehacktes Zitronat und Orangeat
5 EL Orangenlikör
12 Mispeln
100 g gehackte Pecannußkerne oder Mandelstifte
150 g brauner Rohrzucker
1 TL Zimt
250 g Schlagsahne
1 EL Vanillezucker

Korinthen, Zitronat und Orangeat mit dem Orangenlikör vermischt zugedeckt etwa 4 Stunden ziehen lassen.

Den Backofen auf 180 °C vorheizen. Die Mispeln auf das Backblech legen und 15 Minuten backen. Herausnehmen, etwas abkühlen lassen, Schale und Kerne entfernen, Fruchtfleisch auf Desserttellern verteilen. Mit der marinierten Korinthenmischung und Pecannüssen oder Mandeln belegen. Zucker und Zimt mischen und etwa $^4/_5$ davon darüberstreuen. Sahne mit Vanillezucker steif schlagen und als Rosetten auf die Mispeln spritzen. Mit dem restlichen Zimtzucker bestreuen.

Am Mispelrezept zum Advent erkennen Sie die lange europäische Tradition der Frucht: zubereitet wie Bratäpfel, mit reichlich Zucker und Vanille-Schlagsahne überzogen.

für **12** *Stücke*

REISKUCHEN MIT KARAMBOLEN

$^3/_8$ l Milch
1 Prise Salz
80 g Rundkornreis
50 g weiche Butter oder Pflanzenmargarine
125 g Rohrzucker
1 TL Vanillepulver
abgeriebene Schale und Saft von $^1/_2$ unbehandelten Zitrone
3 Eier
300 g Magerquark

50 g Mehl
1 TL Backpulver
400 g Karambolen
Fett für die Form

Die Milch mit Salz zum Kochen bringen. Reis in die Milch rühren, aufkochen und bei schwacher Hitze unter häufigem Rühren 20 Minuten garen. Lauwarm abkühlen lassen. Das Fett mit Zucker, Vanille, Zitronenschale und dem ausgepreßten Zitronensaft schaumig rühren. Die Eier trennen. Eigelb nacheinander unter den Teig rühren. Reisbrei und Quark eßlöffelweise untermischen. Eiweiß steif schlagen und auf den Teig geben. Mehl und Backpulver gemischt daraufsieben. Alles mit einem Kochlöffel verrühren. Die Karambolen waschen und in Scheiben schneiden. Den Teig in drei Schichten in einer gefetteten Springform glattstreichen. Jede Schicht mit Karambolen belegen. Den Kuchen in den kalten Backofen (mittlere Schiene) stellen und bei 180 °C (Umluft 160 °C, Gas Stufe 2) etwa 1 $^{1}/_{4}$ Stunden backen. Erst nach dem Abkühlen aus der Form lösen.

für **12** *Stücke*

KOKOSNUSSKUCHEN MIT SHARONFRÜCHTEN

Teig
200 g Mehl
1 Prise Salz
100 g weiche Butter
75 g Rohrzucker
3–4 EL Wasser

Füllung
400 g Kokosmilch (Dose)
100 ml Wasser
1 Päckchen Sahnepuddingpulver
$^{1}/_{2}$ TL Vanillepulver
1 Kaffir-Limette
50 g Rohrzucker
100 g frisch geraspelte Kokosflocken
2 Sharonfrüchte

Mehl, Salz, Fett, Zucker und zunächst 2 Eßlöffel Wasser zu einem glatten Teig verkneten. Falls der Teig noch zu trocken ist und bröckelt, teelöffelweise das restliche Wasser unterkneten. Eine Springform damit auslegen und einen 3 Zentimeter hohen Rand formen. Den Teigboden mit einer Gabel mehrmals einstechen und 60 Minuten kühlen.

Die Kokosmilch mit dem Wasser, dem Puddingpulver und dem Zucker verrühren und unter ständigem Rühren einmal aufkochen. Vanillepulver untermischen, Pudding abkühlen lassen. Kaffir-Limette waschen, abtrocknen und etwa $^1/_3$ der Schale dünn abschneiden. Fein zerkleinern. Limette halbieren, alle Kerne entfernen, Limettenfleisch mit einem kleinen Messer herausholen. Mit der Schale und den Kokosflocken unter den Pudding mischen. Die Sharonfrüchte mit einem Sparschäler oder einem kleinen scharfen Messer schälen und in Scheiben schneiden.

Gekühlten Kuchenboden in den kalten Backofen (mittlere Schiene) stellen. Bei 180 °C (Umluft 160 °C, Gas Stufe 2) 15 Minuten vorbacken. Den Kuchen mit Kokoscreme bestreichen, mit Sharonfrüchten belegen und noch einmal etwa 45 Minuten backen.

Kuchen mit Cremefüllung muß man gewöhnlich nach der Hälfte der Backzeit mit Pergamentpapier abdecken, damit die Oberfläche nicht zu dunkel wird.

für **3** *Gläser à 250 g*

EINGELEGTE LIMEQUATS

250 g Limequats
je $^1/_8$ l Apfelessig und Apfelsaft
200 g feiner Zucker
1 Stange Zimt
2–3 Sternanis
4 Kardamomkapseln
3 EL Orangenlikör

Limequats heiß abwaschen, trockenreiben und mit einer Nadel mehrmals einstechen. Den Essig und den Apfelsaft in einem

Topf mischen. Zucker zugeben und rühren, bis er sich aufgelöst hat. Zimtstange, Sternanis und Kardamom zugeben und alles unter Rühren einmal aufkochen. Limequats zugeben und eine Minute kochen lassen. Den Orangenlikör auf die sauber gespülten Gläser verteilen. Die Limequats kochend heiß mit der Flüssigkeit in die Gläser geben und verschließen. Eine Woche ziehen lassen. Die Früchte halten sich im Kühlschrank etwa vier Wochen.

für 4

NASHIS IM SCHNEE

4 rauhschalige Nashis
2 EL Apfelsaft
1 EL Zitronensaft
2 EL Zitronengelee
2 EL Pistazienkerne
3 Eiweiß
50 g Puderzucker

Die Nashis waschen und abtrocknen, die Kerngehäuse mit einem Apfelausstecher entfernen. Früchte nebeneinander in einen Topf setzen, die beiden Säfte zugeben und einmal aufkochen. Nashis zugedeckt bei schwacher Hitze 5 Minuten dünsten.

Backofen auf 250 °C (Gas Stufe 4) vorheizen. Nashis in eine ofenfeste Form setzen, mit dem Saft umgießen. Die Höhlungen mit dem Zitronengelee füllen, die gehackten Pistazien über die Früchte streuen.

Eiweiß mit Puderzucker steif schlagen und über den Nashis verteilen. Form in den heißen Backofen (untere Schiene) stellen und die Nashis etwa 10 Minuten backen, bis der Eischnee leicht gebräunt ist.

Glossar

Bilimbi oder **Gurkenbaumfrucht** (*Averrhoa bilimbi*), in Indonesien „belimbing wuluh" genannt, ist eng mit den bekannten Karambolen verwandt. Doch die sauren Früchte gelten strenggenommen nicht als Obst, denn man ißt sie nicht roh; geschmort bereitet man sie als Curry zu, eingekocht als Pickles oder Chutney. Bilimbis nimmt man in Indonesien auch statt Tamarinde zum Säuern der bekannten „Sayur asam", der sauren Gemüsesuppe. Zu uns werden sie kaum exportiert; die Bäume wachsen in Hausgärten zum Eigenbedarf, und nur in Malaysia soll es auch kommerziellen Anbau geben.

Bioaktiv-Stoffe, **sekundäre Pflanzenstoffe** oder **phytochemicals** sind Substanzen in pflanzlichen Lebensmitteln, die im Körper wie Arzneimittel wirken. Zu den Bioaktiv-Stoffen gehören u. a. Vitamine, Mineralstoffe, ätherische Öle, Ballaststoffe, Farb- und Aromastoffe. Die Forschung auf diesem Gebiet ist relativ jung und läuft auf Hochtouren, denn mit Bioaktiv-Stoffen kann man leicht, preiswert und ohne Nebenwirkungen eine ganze Reihe von Zivilisationskrankheiten verhindern und sogar bekämpfen.

CA-Lagerung ist das Kürzel für „Controlled-Atmosphere"-Lagerung und bedeutet, daß die Früchte in speziellen Kühlräumen lagern, die weniger Sauerstoff und mehr Kohlendioxid enthalten. Diese künstliche Atmosphäre verzögert Altern und Verderb des Obstes.

Cas (*Psidium friedrichsthalium*), eine Guavensorte mit weißem Fleisch. Sie wird in Costa Rica und Guatemala kultiviert. Obwohl sie die beste aller Guaven sein soll, wird sie zu uns kaum exportiert.

Chilling-Schäden entstehen bei zu kalter Lagerung von Tropenfrüchten. Das Obst wird zwar noch über dem Gefrierpunkt, doch bei so niedrigen Temperaturen gelagert, daß es Qualitätsmängel aufweist. Je nach Fruchtart, Lagerdauer und Temperatur zeigen sich Verfärbungen auf der Schale, glasige Stellen im Fruchtfleisch und/oder Geschmacksveränderungen.

Coco de Mer oder **Seychellennuß** (*Lodoicea maldivica*) ist nicht zum Essen, sondern zum Anschauen bestimmt. Die Palmen tragen steife Blattfächer wie Datteln, die weiblichen Blüten duften nach Vanille, und die Früchte sind die größten Samen im Pflanzenreich: sie werden mindestens dreimal so groß wie Kokosnüsse und wiegen bis zwischen 13 und 22 kg. Coco de Mer wachsen auch heute noch vorwiegend auf den Seychellen. Von dort kann man nur die ausgehöhlte Nußschale als kunstgewerbliches Souvenir mitnehmen; die Nüsse werden bereits am Baum numeriert und mit Zertifikat verkauft. Die Schale erinnert an afrikanische Kunst – ein weiblicher Torso von Nabel bis Oberschenkel.

Easypeeler ist die Sammelbezeichnung für Zitrusfrüchte wie Mandarinen, Clementinen oder Satsumas, die sich leicht („easy") schälen („to peel") lassen.

Enzyme bestehen aus Aminosäuren und steuern biochemische Reaktionen in der lebenden Zelle. Amylasen z. B. setzen die Umwandlung von Stärke- in Zuckermoleküle in Gang. Enzyme spielen bei allen Stoffwechselvorgängen eine Rolle, also auch bei Reife und Verderb von Obst. Hitze zerstört sie; deshalb ist Papain als Fleischzartmacher nur in rohen Papayas wirksam.

Ethylen ist ein Gas, das Früchte bilden und abgeben, wenn sie reifen. Es wirkt auf unreife Früchte in der Umgebung wie das Signal zum schnellen Reifen: Mit reifen Äpfel bringt man harte Avocados in der Obstschale zum Reifen. Kühlung blockiert die Freisetzung von Ethylen. Deshalb reifen Früchte im Kühlschrank viel langsamer nach oder halten sich auch in reifem Zustand darin länger als bei Zimmertemperatur.

Fruchtsäuren sind organische Säuren in Obst, die das erfrischende Aroma ausmachen. Die wichtigsten: Apfel-, Wein- und Zitronensäure. Viele Früchte enthalten eine der Säuren als Hauptkomponente, die man tatsächlich schmeckt: in herben Granatäpfeln und fruchtig-säuerlichen Passionsfrüchten dominiert Zitronensäure, in milden Litschis und Cherimoyas die Apfelsäure. Säurearme Früchte wirken auf unsere Geschmacksknospen eher fade.

Fructose oder **Laevulose** ist Fruchtzucker, der meist zusammen mit Traubenzucker (Glucose) in süßen Früchten vorkommt. Zur Verdauung von Fructose braucht der Körper kein Insulin, deshalb spielt Fructose für Diabetiker eine große Rolle.

Glucose oder **Dextrose** ist Traubenzucker und die einzige Zuckerart, die bei der Verdauung sofort als Energiespender zur Verfügung steht. Wie Fructose gehört er zu den Monosacchariden, die aus einem einzigen Molekül bestehen.

Grenadine ist Granatapfelsaft – entweder selbst frisch gepreßt oder abgefüllt in Flaschen zu kaufen.

Kakifeigen: getrocknete Kakifrüchte; gibt es in türkischen Lebensmittelgeschäften und Asienläden.

Kohlenhydrate bilden das Gerüst aller Pflanzen, liefern Pflanze, Tier und Mensch Energie und bilden so den Löwenanteil der Biomasse auf unserem Planeten. Es gibt Verbindungen von ein oder zwei Molekülen, die süßen Zucker, die sich gut in Wasser auflösen. In Pflanzen sind das vorwiegend Fructose, Glucose und Saccharose. Und es gibt ganze Molekülgruppen ohne den Zuckergeschmack. Getreide, Gemüse und unreifes Obst besteht vorwiegend aus diesen komplexen Kohlenhydraten, aus Stärke und Ballaststoffen.

Kulturpflanzen: Eine allgemein verbindliche Definition dafür und damit die Abgrenzung zu Wildpflanzen gibt es nicht. Heinz Brücher, Professor für Pflanzengenetik an verschiedenen Universitäten und Experte für Tropenfrüchte, nennt als wichtigstes (und einfachstes) Kriterium den Ertrag. Sie unterscheiden sich von ihren wilden Vorfahren hauptsächlich darin, daß sie trotz vordringender Zivilisation und Agrarwirtschaft nicht ausgerottet werden, sondern im Gegenteil reiche Frucht tragen.

Lucuma (*Pouteria lucuma*) gilt als die Nationalfrucht Chiles. Aufgrund von Gräberfunden nimmt man an, daß Lucumas schon vor den Inkas in Mexiko und an der südamerikanischen Westküste bekannt waren. Obwohl Lucumas auch in Mexiko, Peru, Ecuador, Afrika, Indien, Südostasien und Neuseeland angebaut werden und Importe möglich wären, konnte ich die Frucht nirgendwo bekommen.

Melasse fällt bei der Produktion von Rohr- und von Rübenzucker an. Der Zuckersaft wird dick eingekocht, bis sich Zuckerkristalle bilden. Der Dicksaft wird zentrifugiert, so daß sich Zuckerkristalle und die dunkle, zähflüssige Melasse voneinander trennen. Die Melasse gilt als sehr gesund, schmeckt aber leicht bitter und hat deshalb keine Bedeutung für den Handel. Sie ist Ausgangsprodukt für Rum.

Nachreife ist bei gepflücktem Obst die Zeitspanne zwischen Baum- und Genußreife (siehe *Reife*). Man kann sie durch Temperatur, Luftfeuchtigkeit, ein bestimmtes Gemisch von Kohlendioxid und Sauerstoff oder durch das pflanzeneigene Reifegas Ethylen steuern.

Off-Flavour bedeutet Qualitätsmangel. Die Frucht hat entweder Fremdgeschmack (zum Beispiel durch falsche Lagerung) oder keinen Geschmack (zum Beispiel durch zu frühe Ernte).

Oxalsäure kommt in bestimmten Pflanzen wie Karambolen, Rhabarber, Sauerampfer und Spinat vor. Die Säure bindet Calcium, so daß der Körper diesen Mineralstoff nicht verwerten kann. Gesunde Menschen können das ausgleichen, indem sie diese Lebensmittel mit Milchprodukten essen. Wer Probleme mit Nieren und Harnwegen hat, verzichtet lieber auf Oxalsäurereiches.

Patulin ist ein Mykotoxin, das vorwiegend in Obst und Gemüse vorkommen (siehe *Schimmel*).

Pektin ist eine Art von Ballaststoff, der in vielen Früchten enthalten ist. Es spielt sowohl für die Küche als auch für die gesunde Ernährung eine Rolle: Es ist das wichtigste Geliermittel beim Einkochen und ein bedeutender Regulator für Cholesterin.

Reife: Man unterscheidet Baumreife und Genußreife. Baumreife Früchte schmecken noch nicht, sind aber in einem zustand gepflückt worden, daß sie nach einem gewissen Zeitraum und entsprechender Lagerung genußreif, also reif zum Essen sind.

Rosenapfel gilt bei Exotenhändlern als anderer Name für *Javaapfel* (siehe S. 72). Auch von Tutty Wilpernig aus Indonesien habe ich erfahren, daß es sich höchstens um verschiedene Sorten handelt – etwa wie sich der Golden-Delicious-Apfel vom Granny Smith unterscheidet. In einem zuverlässigen thailändischen Kochbuch sind Javaäpfel abgebildet und als „Rose Apple" bezeichnet.

Saccharide sind Kohlenhydrate.

Saccharose ist ein zusammengesetztes Zuckermolekül und besteht zu gleichen Teilen aus Fructose und Glucose.

Schimmel heißen in der Alltagssprache giftige Stoffwechselprodukte verschiedener Schimmelpilze. Mykotoxine wie Patulin bilden sich in faulendem Obst, „wandern" in der Frucht, ohne daß man es erkennen kann, und sind so gesundheitsschädlich, daß Sie faulende Früchte mit weißlichem Schimmelbelag lieber wegwerfen sollten.

Sternapfel (*Chrysophyllum cainito*) stammt aus Zentralamerika und Westindien, wird auch heute noch vor allem dort angebaut. Auf dem Weltmarkt spielt er keine Rolle; Importe kommen unregelmäßig aus Asien, Mittel- und Südamerika. Es gibt nur Flugware, da die Äpfel während der langen Schiffsreise verderben würden.

Wasserapfel ist eine andere Bezeichnung für *Javaapfel* (siehe S. 72).

Wildwuchs bedeutet bei Exoten, daß die Früchte nicht zu den gezüchteten Exemplaren aus gewerbsmäßigen Plantagen gehören. Sie können in Hausgärten, vom Straßenrand oder von wilden Bäumen oder Sträuchern auf freiem Feld geerntet werden.

Zedratzitrone oder **Zitronatzitrone** (*Citrus medica*) stammt vermutlich aus Südwestasien und war die erste Zitrusfrucht, die nach Europa gelangte – es heißt, daß Alexander der Große die großen, dickschaligen Zitronen um 300 v. Chr. von einem seiner persischen Feldzüge mitgebracht hat. Der römische Naturwissenschaftler Plinius hat im 1. Jahrhundert n. Chr. nach der Zedratzitrone den Gattungsnamen „Citrus" geprägt. Heute wird sie in Italien, Korsika, Kalifornien und Puerto Rico ausschließlich für die Zitronatproduktion angebaut.

Zitrusfrüchte, unbehandelte: Die Kennzeichnung „unbehandelt" bedeutet nicht, daß Zitronen oder Orangen Bio-Obst sind. Bei konventionell angebauten Zitronen und Orangen mit diesem Vermerk können Sie die Schalen zwar mitessen, doch wieviel Chemie vor der Ernte eingesetzt worden ist, läßt sich nicht nachvollziehen. Wer sichergehen will, kauft Zitronen und Orangen im Naturkostladen oder Reformhaus. Denn nur kontrolliert-ökologisch angebautes Obst wächst tatsächlich unbehandelt von Dünger oder Spritzmitteln heran.

Literaturverzeichnis

Bärtels, Andreas: Farbatlas Tropenpflanzen: Zier- und Nutzpflanzen. 3. Auflage, Stuttgart 1993

v. Barsewisch, Gisa: Exotische Früchte und Gemüse. München 1989

Das große Buch der Exoten aus aller Welt. 2. Aufllage, Füssen 1991

Brücher, Heinz: Tropische Nutzpflanzen. Ursprung, Evolution und Domestikation. Berlin u. a. 1977

Caesar, Knud: Einführung in den tropischen und subtropischen Pflanzenbau. Frankfurt/Main 1986

Carper, Jean: Food – Your Miracle Medicine. New York 1993

Daßler, Ernst und Heitmann, Gisela: Obst und Gemüse. Eine Warenkunde. 4. vollst. neu bearbeitete Auflage, Berlin u. Hamburg 1991

Davies, Frederick S. and Albrigo, Gene L.: Citrus. Wallingford 1994

Encke, Fritz u. a.: Zander: Handwörterbuch der Pflanzennamen. 15. Auflage, Stuttgart 1994

Franke, Wolfgang: Nutzpflanzenkunde: Nutzbare Gewächse der gemäßigten Breiten, Subtropen und Tropen. 4. Auflage, Stuttgart 1989

Grigson, Jane: Jane Grigson's Fruit Book. London 1983

Heinerman, John:

– Heinerman's Encyclopedia of Fruits, Vegetables and Herbs. New Jersey 1988

– Heinerman's Encyclopedia of Nuts, Berries and Seeds. New York 1995

Herrmann, Karl: Exotische Lebensmittel. Inhaltsstoffe und Verwendung. 2. überarbeitete Auflage, Berlin u. a. 1987

Lange, Elisabeth: Richtig einkaufen, gesund essen: Was Sie über unsere Lebensmittel wissen sollten. München 1993

Liebster, Günther: Warenkunde. Band 1: Obst. Düsseldorf 1988

McGee, Harold: The Curious Cook. London 1993

Pahlow, Mannfried: Das große Buch der Heilpflanzen: Gesund durch die Heilkräfte der Natur. 2. Auflage, München 1994

Purseglove, J. W.:
– Tropical Crops. Dicotyledons. Vol. 1 und 2. London 1968
– Tropical Crops. Monocotyledons. Vol. 1 und 2. London 1972
Rehm, Sigmund und Espig, Gustav: Die Kulturpflanzen der Tropen und Subtropen: Anbau, wirtschaftliche Bedeutung, Verwertung. 2. Auflage, Stuttgart 1984
Täufel/Ternes/Tunger/Zobel: Lebensmittellexikon. Band 2: L–Z. 3. Auflage, Hamburg 1993
Watzl, Bernhard und Leitzmann, Claus: Bioaktive Substanzen in Lebensmitteln. Stuttgart 1995

Danksagung

Besonderer Dank gilt all jenen Personen und Firmen, die die Autorin mit Informationen, Rat und Requisiten unterstützt haben:

Ludwig Blendinger GmbH & Co., München; Heinz Antretter; Otmar Eicher, München; FTK Holland BV, Rotterdam; Otto Reimers und Angelika Besselink; Sama-Sama, München; Karl-Heinz und Wilhelmine Raabe; Guillermina Schröder-Roman, München; Tutty Wilpernig, Bandung und München; Elena Yiménez-Martinéz, Mexiko-City; Iris Zalszupin, São Paulo und München; Xiaoyan Zhang, München.

Register

H/I

J

K

L

M

N

O